Max Meier-Maletz

Fachhandels-Marketing

Lokale Initiativen
ergreifen
- Öffentlichkeits-
  arbeit
- Aktionen zur
  Verkaufsförderung
- Werbung
- Checklisten

UEBERREUTER

Die Deutsche Bibliothek – CIP-Einheitsaufnahme

Meier-Maletz, Max:
Fachhandels-Marketing : Öffentlichkeitsarbeit, Aktionen zur
Verkaufsförderung, Werbung, Checklisten / Max Meier-Maletz. –
Wien : Ueberreuter, 1998
  (New business line ; 78) (Manager-Magazin-Edition)
  ISBN 3-7064-0401-X

S 0372   1 2 3 / 2000 99 98

Alle Rechte vorbehalten
Technische Redaktion: Dr. Andreas Zeiner
Illustrationen: Josef Koo
Umschlag: Kurt Rendl
Copyright © 1998 by Wirtschaftsverlag Carl Ueberreuter, Wien/Frankfurt
Printed in Hungary

Inhalt

Zur Einstimmung _____ 5

Teil 1: Was ist »Marketing« eigentlich? _____ 7

Teil 2: Unterschiede Handel – Industrie _____ 11
Produktpolitik _____ 13
Sortimentspolitik _____ 14
Preispolitik _____ 15
Werbung _____ 16
Verkaufsförderungsaktivitäten _____ 17
Verkaufstraining _____ 18

Teil 3: Marketing-Kommunikation im Handel _____ 19
Verkaufsgespräch _____ 22
Verkaufsförderung _____ 23
Werbung _____ 24
Öffentlichkeitsarbeit _____ 25

Teil 4: Lokale Mittel und Maßnahmen des Marketing _____ 27
Verkäufertraining _____ 31
Werbung _____ 36
Verkaufsförderung _____ 40
   Möglichkeiten der Verkaufsförderung _____ 40
   Verkaufsförderungsaktionen _____ 41
Öffentlichkeitsarbeit _____ 45
   Der Leserbrief _____ 46
   Die Kurzmeldung _____ 46
   Der Zweispalter _____ 46
   Der Fachartikel _____ 47
   Das Interview _____ 49
   Der Vortrag _____ 50

Teil 5: Wirkungskontrolle _____ 55
Basisfragen _____ 57
Allgemeine Hinweise _____ 59
Wirkungen von Verkaufstraining _____ 63
Renditeberechnung von Verkaufstrainings _____ 65

Teil 6: Beispiele und Anregungen _____ 67
Allgemeine Vorschläge _____ 68
   Vorschlag für eine Kundenbefragung im Geschäft _____ 69
   Noch ein Vorschlag für eine Fragebogenaktion _____ 70
   Positive Sprüche _____ 71
   Stammkunden _____ 71
Aktionen im eigenen Hause _____ 72
Veranstaltungen außerhalb des Hauses _____ 73
Lösungen zu Abschnitt 3.5 _____ 74

Teil 7: Checklisten _____ 75
Checkliste 1: Anlässe _____ 77
Checkliste 2: Zielgruppen _____ 78
Checkliste 3: Kooperationspartner _____ 80
Checkliste 4: Ankündigung von Aktionen _____ 82
Checkliste 5: Arbeitsmittel _____ 83
Checkliste 6: Grobplanung zum Ablauf _____ 84
Checkliste 7: Wirkungskontrolle _____ 85

Teil 8: Marketing-Alphabet _____ 87

Zur Einstimmung

Vor die Aufgabe gestellt, ein kompaktes, handfestes Buch über das Marketing des Fachhandels zu verfassen, ergab sich die Notwendigkeit, den Theorie-Teil sehr kurz zu halten und die Anregungen und Arbeitsanleitungen so ausführlich wie möglich zu behandeln. Da der Lebensmittelhandel, also der Foodbereich, weitestgehend von Ladenketten und Einkaufsgruppen bezüglich des Marketing betreut wird, habe ich mich auf den Nonfood-Fachhandel konzentriert. Dabei stehen dem Leser meine Erfahrungen als Absatzberater und Verkaufstrainer ebenso wie die vielen Informationen aus Marketing-Club und BDVT, Bund Deutscher Verkaufsförderer und Trainer, zur Verfügung. Es geht mir mehr darum, Machbares anzuregen, als die Vollständigkeit und die letzten Feinheiten herauszustellen.

Die Recherche der vorliegenden Literatur zum Thema dieses Buches ergab, daß viele komplizierte und schwer nachvollziehbare Werke existieren, die sich eher an das Marketing der Hersteller oder großer Handelsorganisationen richten. Davon wollte ich mich abgrenzen, und so habe ich vornehmlich an die mittleren und kleinen Händler gedacht, von denen es in Deutschland mehr als 500.000 Betriebe gibt. Sie bilden das Rückgrat des Mittelstandes im Handel, und ihnen möchte ich mit diesem Buch zuarbeiten. Wenn Sie also zu dieser Gruppe gehören, haben Sie das Buch mit Recht gekauft. Es enthält aber auch Anregungen für größere Organisationen.

Allen Lesern wünsche ich viele zusätzliche Ideen und den Erfolg, der aus Kreativität und Fleiß erwachsen kann.

Der Autor

Max Meier-Maletz

Teil 1:

Was ist »Marketing« eigentlich?

    ♦   *In einem betriebswirtschaftlich geführten Unternehmen dienen alle Maßnahmen direkt oder indirekt dem Verkaufen.*

Jedes Unternehmen, das etwas verkaufen will, muß sein Angebot auf dem »Markt« mitteilen, muß es »vermarkten«. In den 50er Jahren wurde für diese Aufgabe der Begriff »Marketing« aus den USA übernommen. Eine der verständlichsten Erklärungen für »Marketing« stammt von Prof. H. Gross:

    ♦   *»Marketing ist die Summe aller Maßnahmen, um Produkte oder Leistungen wiederholt und nachhaltig zu verkaufen.«*

Schon bald wurde erkannt, daß es vier verschiedene Einflußbereiche gibt, die das Marketing eines Unternehmens zu berücksichtigen hat. Prof. Dr. Meffert unterscheidet vier Komponenten:

1. Produktpolitik

2. Preispolitik

3. Distributionspolitik

4. Kommunikationspolitik

Diese vier Komponenten beeinflussen sich gegenseitig und bilden zusammen das »Marketing-Mix« nach Prof. Dr. Meffert. Im Handel setzen sich die vier Komponenten, der Aufgabe entsprechend, anders zusammen.

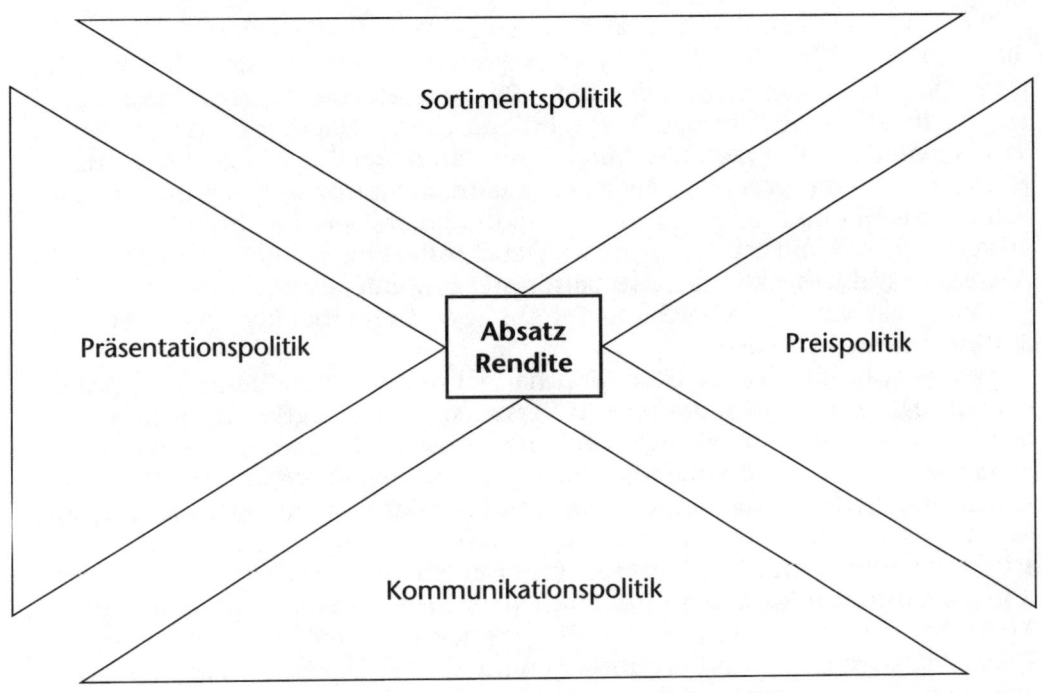

Grafik 1: Marketing-Mix im Handel

Diese vier Bereiche möchte ich Ihnen nachstehend kurz erläutern, und dann gehe ich auf die Unterschiede der Marketing-Überlegungen von Industrie und Fachhandel ein.

Bei der **Sortimentspolitik**, also der Zusammensetzung des Sortiments, gibt es unzählige Einflußfaktoren. Lokaler Wettbewerb ist einer der stärksten Faktoren, stets verbunden mit dem angestrebten und erreichbaren Kundenkreis. Außerdem sind Überlegungen zum grundsätzlichen Preisniveau, Sortimentsteile zu Verwendungsanlässen, Verhältnis SB zum erklärungsbedürftigen Teil des Sortiments wichtig. Gegebenenfalls ist auch der Servicebedarf der Käufer in die Überlegungen einzubeziehen, ebenso wie Sortimentsteile, die dem Erlebnisbereich zuzurechnen sind: zum Beispiel professioneller oder rustikaler Sortimentsteil. Sortimentsbreite und/oder Sortimentstiefe sind weitere Bereiche, die zu berücksichtigen sind, insbesondere wenn die Platzverhältnisse eher eingeschränkt sind.

Der Fachhandel hat auf die **Preisgestaltung** oft nur begrenzten Einfluß, da diese von den Herstellern durch »Preisempfehlung« weitestgehend festgelegt ist. Gesetzliche Einschränkungen durch das Rabattgesetz, die Zugabeverordnung etc. erschweren eine beliebige Preispolitik durch den Händler zusätzlich. Es kann auch nicht Aufgabe dieses Buches sein, in dieser Frage allgemeingültige Hinweise oder gar Ratschläge zu geben. Fachhändler und auch der handwerkliche Handel müssen überdies eine Preispolitik betreiben, die ihren Einzugsgebieten, ihrer Kundschaft entspricht. Dabei sollte eine zeitlich begrenzte Preis-Aggressivität durch Aktionspreise, Saisonpreise, Sonderangebote jeweils gewichtet zur zeitweisen Belebung des Absatzes eines Produkts oder einer Sortimentsgruppe dienen.

Die **Präsentationspolitik** ist im Fachhandel weitestgehend festgelegt: Warendarbietung, im Verkaufsraum oder in Verkaufsräumen, gegebenenfalls im Schaufenster; mehr oder weniger Bedienungs-/Beratungspersonen – in einigen Bereichen auch Verkaufsaußendienstler. Eine wichtige Rolle spielen die Gestaltung der Geschäftsräume, die Anordnung der Warendarbietung (Regale, Recks, Gondeln, Schütten etc.). In seiner Präsentation kann sich ein Händler schon vorteilhaft vom Wettbewerber unterscheiden.

In der **Kommunikationspolitik** können Sie als Fachhändler im besonderen Maße Ihre Chance nutzen, den Kunden, der Kaufkraft näher zu sein als alle Hersteller. Darum sind die Ausführungen im Kapitel 3 gerade diesem Bereich gewidmet. Sie bekommen nicht nur Hinweise, sondern im Rahmen der Allgemeingültigkeit dieses Buches auch eine handfeste Anleitung für Ihre eigene Kommunikation.

Teil 2:

Unterschiede Handel – Industrie

♦ *Systematik und Planung in der Bearbeitung des
lokalen Marktes sind allein Sache des Händlers.*

Der Nonfood-Fachhandel kann die Chancen der Kommunikation durchweg
noch erheblich besser nutzen, ohne daß es (viel) Geld kostet. Die relative
Unbeweglichkeit vieler Fachhändler im Bereich der Marketing-Kommunikation
rührt aus der Denkweise: »Das muß die Industrie für uns tun – das können wir
uns nicht leisten.« Wenn das auch Ihre Meinung ist, lesen Sie besser hier nicht
weiter, sondern gehen gleich zu Kapitel 5 (Wirkungskontrolle).
  Da es für die Industrie nicht rentabel ist, die Verbraucher oder Verwender
selbst direkt zu beliefern, gewann der Fachhandel zunehmend an Bedeutung.
Bei seinen Marketing-Überlegungen bedient sich der Fachhändler ausschließlich
regionaler Maßnahmen. – Er arbeitet ja hauptsächlich vor Ort. Er kann dabei
die riesigen Chancen nutzen, die in der lokalen oder regionalen Bindung seiner
Kundschaft an sein Geschäft liegen. In der Kommunikation, aber auch in
anderen Bereichen gibt es also deutliche Gegensätze der Zielsetzungen und
Aufgabenstellungen von Handel und Industrie. Nachstehend stelle ich die
wichtigsten Zielsetzungen gegenüber, um Ihnen die Konzentration auf das
Wesentliche zu erleichtern – aber auch, um Verständnis für einige Maßnahmen
der Lieferanten zu ermöglichen.

2.1 Produktpolitik

● In der Produktpolitik muß der Händler sein eigenes Profil, sein eigenes Image gegebenenfalls als »Marke« aufbauen. – Die Industrie möchte ausschließlich ihre Marke fördern.

● Die Mittel und Maßnahmen des Fachhandels müssen die Vorzüge seines Sortiments und seiner Leistungen verbreiten. – Die Industrie möchte ihre Produkte fördern.

● Der Handel braucht in seinem Sortiment umschlagsstarke Artikel, die seine Kundschaft möglichst lange interessieren. Er kann nur Artikel mit hoher Erfolgschance dazunehmen. – Die Industrie lebt von immer wieder neuen Produkten oder Produkt-Varianten.

2.2 Sortimentspolitik

● In der Sortimentspolitik ist der Handel gezwungen, ein für seine Kundenkreise maßgeschneidertes Sortiment bedarfsgerecht zusammenzufassen und durch ergänzende Produkte abzurunden. – Die Industrie möchte ausschließlich ihr eigenes Programm verkaufen.

● Der Handel braucht schnelle Umsatzbringer mit guten Spannen. – Die Industrie wünscht sich eine langfristige, erfolgreiche Produktpalette, gegebenenfalls mit kurzfristigen Varianten.

● Der Handel legt Wert auf kurze Lieferzeiten für Mengen, die aus der Nachfrage abgeleitet werden. – Die Industrie möchte möglichst große Mengen zugleich liefern.

2.3 Preispolitik

● Die Preispolitik des Fachhandels ist durch Einkaufskonzentration und Konditionsdruck auf die Einkaufspreise gekennzeichnet. – Die Industrie befürchtet überhöhte Spannen.

● Der Handel braucht eine (zeitlich) begrenzte Preis-Aggressivität. – Die Industrie liebt Preisbindungen.

2.4 Werbung

● Die Werbung des Fachhandels bezieht sich auf seine speziellen Eigenheiten, seine Besonderheiten. – Die Industrie muß überregional und deswegen allgemeiner werben.

● Der Handel möchte ein Auswahl-, Bedienungs- und Service-Image schaffen. – Die Industrie möchte ein Produkt-Image schaffen.

2.5 Verkaufsförderungsaktivitäten

● Alle Verkaufsförderungsaktivitäten des Handels betreffen das eigene
Sortiment, möglichst in Bedarfsgruppen gegliedert (Freizeit, Urlaub, Hobby,
Bildung etc.). – Die Industrie möchte ihre Produkte möglichst einzeln und
breit präsentiert sehen.

● Alle Plazierungsüberlegungen des Handels müssen, im Rahmen der
Ladengestaltung, dem Kundenkreis konzeptionell entsprechen. – Die Industrie
möchte möglichst nur ihre Produkte gut plaziert sehen.

● Die Produkte fördert der Handel nach seinem eigenen Marketingkonzept. –
Die Industrie wehrt sich gegen die Förderung von Konkurrenzprodukten.

2.6 Verkaufstraining

● Der Handel trainiert seine Verkaufskräfte im verbindlichen, vertrauen-
erweckenden Umgang mit Kunden, um den Abverkauf in der Region/Stadt zu
fördern. – Die Industrie trainiert ihren Außendienst überwiegend in bezug auf
Hineinverkauf in den Handel.

Der »freie« Fachhändler, durchweg in Einkaufsgruppen organisiert, steht ständig
vor dem Problem, sein(e) Geschäft(e) in der Region maßgenau zu profilieren.
Über die dazu notwendigen Mittel und Maßnahmen lesen Sie ausführlich in
Teil 4.

Unterschiede Handel – Industrie

Teil 3:

Marketing-Kommunikation im Handel

♦ *Die Erwartungen der Kundschaft an den Handel liegen nicht nur auf den Gebieten der Warenpräsentation und des Sortiments.*

Unter dem Begriff »Marketing-Kommunikation« sind alle Mittel und Maßnahmen zusammengefaßt, die von Ihnen eingesetzt werden können, um den »Markt«, also die in Frage kommenden Verbraucher oder Verwender anzusprechen, ins Geschäft zu ziehen und ihnen etwas zu verkaufen. Dabei ist gerade der Fachhandel darauf angewiesen, daß die Kunden bei Bedarf wiederkommen und/oder das betreffende Geschäft weiterempfehlen. Die Grafik zeigt den Unterschied zwischen den Erwartungen der Kunden an die Ware und jenen an den Handel.

Was erwartet der Kunde für sein Geld von der Ware?

Gefühlsnutzen (Wirkung auf das Gemüt)	**Funktionsnutzen** (Wirkung beim Gebrauch)	**Prestigenutzen** (Wirkung auf andere)
z. B. Sicherheit, Zuverlässigkeit, schöner Anblick	z. B. Haltbarkeit, Handlichkeit, Bequemlichkeit	z. B. Attraktivität, Besitzerstolz, Neid der anderen

Was erwartet der Kunde für sein Geld vom Handel?

Beratungsnutzen (Wirkung der Fachberatung)	**Sortimentsnutzen** (Wirkung des Angebots)	**Behandlungsnutzen** (menschliche Wirkung)
z. B. Hilfe bei der Auswahl, Vermeiden von Fehlkäufen, Hilfe bei der Entscheidung	z. B. bequemer Einkauf, Übersichtlichkeit, Zeitersparnis beim Kauf	z. B. Freundlichkeit, Interesse, Anerkennung der Persönlichkeit, Kulanz

Grafik 2: Kundenerwartungen

Die Erwartungen der Kunden an die Ware sind durch Werbung der Lieferanten zum Teil vorverkauft und werden vom Marken-Image der Industrie geprägt. Für den Fachhändler sind die drei Bereiche **Beratungsnutzen**, **Behandlungsnutzen** und **Sortimentsnutzen** für seine Profilierung, sein Image und seinen Bekanntheitsgrad von höchster Bedeutung. Über die Politik zur Erreichung des Sortimentsnutzens haben Sie schon etwas gelesen. – Sortimentsbreite und -tiefe werden von Kunden geschätzt, aber vielfach als selbstverständlich vorausgesetzt.

Der Händler kann sich von seinen lokalen Wettbewerbern in den Bereichen Beratungsnutzen und Behandlungsnutzen besonders deutlich unterscheiden. Nützen Sie die vier Säulen der Kommunikation dazu, gerade diese Besonderheiten Ihres Fachgeschäftes zu verbreiten und bekanntzumachen.

Zunächst aber stelle ich Ihnen die vier Möglichkeiten der Kommunikation vor und gehe nacheinander kurz auf diese vier Säulen ein. Sie werden im folgenden Kapitel ausführlicher behandelt.

Betrachten wir nun die vier Säulen der Marketing-Kommunikation:

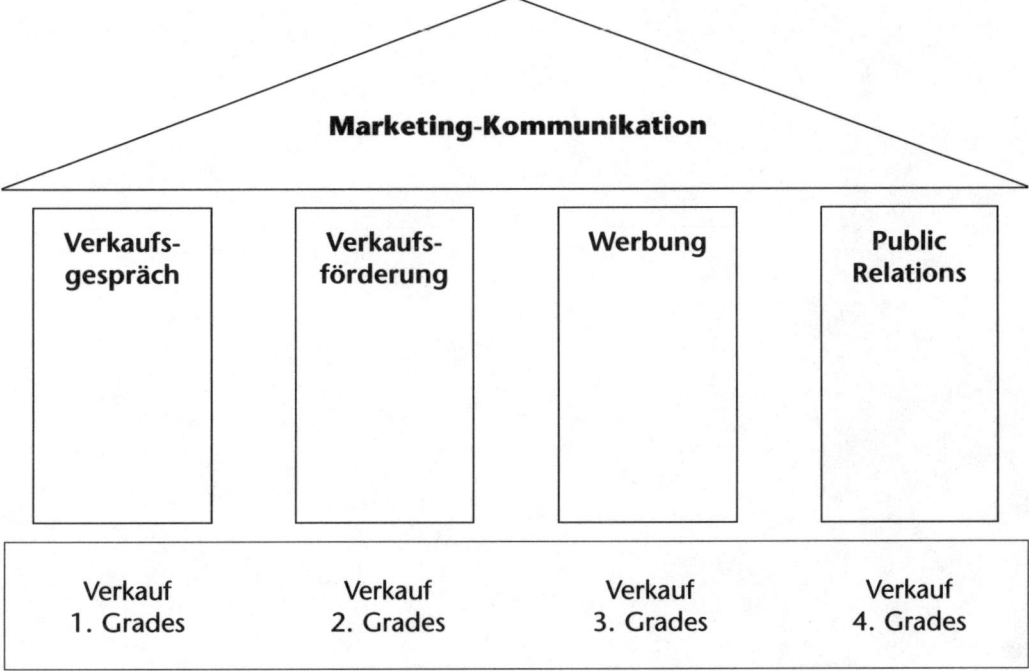

Grafik 3: Vier Säulen der Marketing-Kommunikation

3.1 Verkaufsgespräch

Alle Werbungs- und Verkaufsförderungsaktivitäten nützen mehr, wenn die Verkaufskräfte im Geschäft in der Lage sind, einen Interessenten zum Käufer zu machen, dabei zufriedenzustellen und zum Wiederkommen zu veranlassen. Mag der SB-Anteil auch noch so groß sein, das Image eines Handelsgeschäfts wird vom Verhalten der Personen mit Kundenkontakt geprägt: VerkäuferInnen, BeraterInnen, PackerInnen, KassiererInnen. Hier liegen beträchtliche Chancen des Handels, sich vom Wettbewerber abzugrenzen. Diese Chancen beziehen sich nicht nur auf aktuelle Fachkenntnisse, sondern besonders auf das Verhalten der Verkaufskräfte im Umgang mit den Kunden.

3.2 Verkaufsförderung

Unter diesem Begriff sind im Handel alle Mittel und Maßnahmen zusammen-gefaßt, die den Kauf und/oder das Verkaufen leichter, bequemer, angenehmer machen. Wir können zwischen permanenten und temporären, also zwischen dauernden und zeitweisen Verkaufsförderungsmitteln und -maßnahmen unter-scheiden. Von Parkplätzen über Einkaufswagen, von übersichtlichem Angebot, attraktiver Warenplazierung bis zur bequemen Zahlungsweise gehören viele Dinge dazu. Insbesondere aber werden temporäre, gezielte Händleraktionen wie zum Beispiel Kindernachmittage, Kochkurse, Bastlertreffen, Modeschauen, »Tage der offenen Tür« zur Verkaufsförderung gerechnet – je nach Branche.

Gute Verkaufsförderungsaktionen geben interessante Anstöße für Werbung und Öffentlichkeitsarbeit.

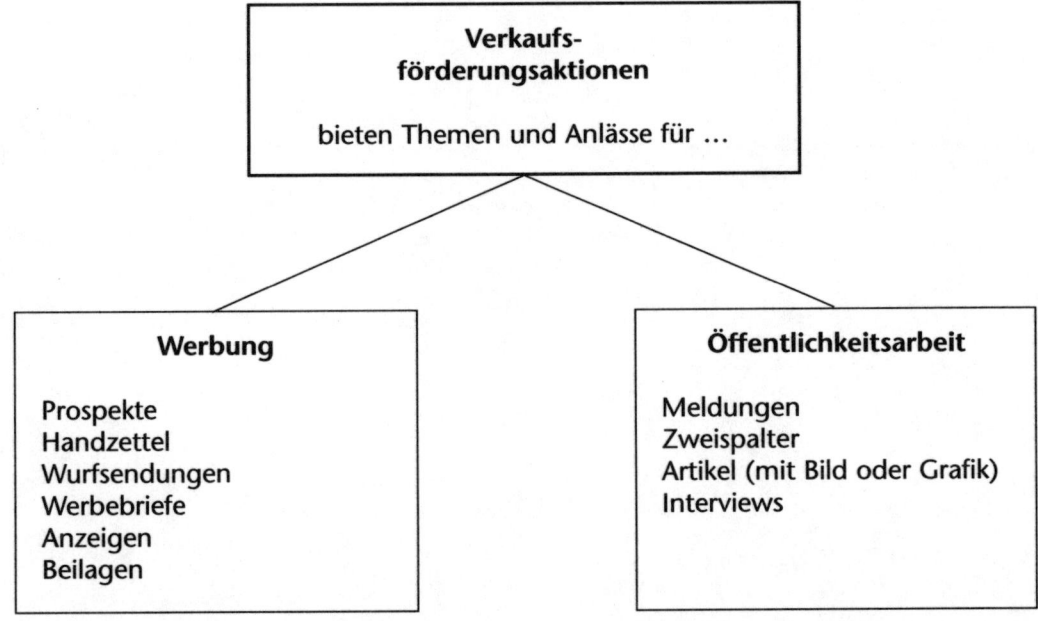

Grafik 4: Verkaufsförderung, Werbung, Öffentlichkeitsarbeit

3.3 Werbung

Zum Unterschied von den Werbemaßnahmen der Hersteller bzw. Lieferanten bedient sich der Fachhandel in erster Linie der Tagespresse und des lokalen Funks oder Fernsehens. Postwurf-Aktionen, Werbebriefe, Flugblattverteilung ergänzen die Palette der Werbemöglichkeiten. Soweit der Handel die Angebote der Industrie oder seiner Einkaufsgruppe (Anzeigen, Beilagen) dazu nutzt, sollte dafür gesorgt sein, daß der Händler dabei deutlich genug und so spezifisch wie möglich erkennbar bleibt.

3.4 Öffentlichkeitsarbeit

Öffentlichkeitsarbeit bedeutet:

a) Anlässe für Presse-/Funk-Meldungen zu nutzen.

b) Anlässe zu schaffen, um darüber berichten zu können (siehe 3.2). Da nur wenige Fachhändler – von Fachhandelsketten und Franchise-Gruppen abgesehen – eine systematische Öffentlichkeitsarbeit betreiben, gehe ich im Abschnitt »Öffentlichkeitsarbeit« ausführlicher darauf ein.

Fünf Thesen zur Marketing-Kommunikation des Handels

1. Gehen wir davon aus, daß der Fachhandel die am meisten verbreitete »Dienst«-Leistung darstellt. Der Kunde kann sich selbst be**dienen** oder wird be**dient**.

2. Die Zufriedenheit der Kunden mit »ihrem« Fachhändler entscheidet binnen kurzem über Erfolg oder Mißerfolg zum Beispiel eines neu eröffneten Geschäfts. Dabei spielen Vorzüge und Mängel des Wettbewerbs eine ebenso große Rolle wie eigene Vorzüge und Mängel.

3. Eine schöne, moderne Ladeneinrichtung und ein gutes Sortiment bedürfen der Ergänzung durch wirksame Kommunikation.

4. Die Kunden sind nicht mehr »treu«, aber bereit, bevorzugt in einem Geschäft einzukaufen, in dem sie gut bis sehr gut behandelt werden. Sie akzeptieren dann gegebenenfalls sogar höhere Preise. (Siehe dazu: Max Meier-Maletz: »Professionelles Verkaufen im Einzelhandel«, Wirtschaftsverlag Carl Ueberreuter, Wien/Frankfurt 1997; ISBN 3-7064-0358-7; Seite 22.)

5. Es lohnt sich, alle Register der Marketing-Kommunikation zu ziehen, um die Kaufkraft der Umgebung in das eigene Geschäft zu ziehen und an das eigene Geschäft zu binden.

Zu diesem Kapitel gibt es die erste kleine Aufgabe zum Mitmachen:

Von den vier Säulen der Marketing-Kommunikation kann der Handel zwei Säulen meist viel besser nutzen.

a) Welche beiden Säulen sind dies?

1. _____

2. _____

a) In welchem Feld, in welcher Säule der Marketing-Kommunikation ist nach Ihrer Meinung eine Aktivität ausschließlich mit eigenem Arbeitsaufwand, also ohne Fremdkosten, möglich?

_____

Die Auflösung dazu finden Sie am Ende von Teil 6.

Teil 4:

Lokale Mittel und Maßnahmen des Marketing

♦ *Durch Kundenpflege den Umsatz steigern*
ist das wichtigste Marketingziel!

Die Möglichkeiten, am Ort des Fachhändlers, also lokal, alle vier Bereiche der Marketing-Kommunikation zu nutzen, sind breit gestreut. Es erweist sich als eine Aufgabe gesunden Geschäftsinteresses und kreativer Phantasie, möglichst vieles mit möglichst geringem Aufwand einzusetzen. Der Generationswechsel bei den Geschäftsinhabern bietet hier gute Chancen zur Erweiterung der Aktivitäten. Die wichtigste Voraussetzung für Ihre Überlegung ist eine Marketingkonzeption. Als Beispiel kann etwa dienen, daß Apotheken sich zunehmend als lokales Beratungszentrum für alle Gesundheitsfragen profilieren können. (Nach dem Motto: »Fragen Sie Ihren Arzt oder Apotheker!«)

Beantworten Sie dazu bitte für sich die folgenden Fragen zur
Marketingplanung/Marketingkonzeption:

● Durch *was,*

● mit *welchen* Mitteln und

● mit *welchen* Maßnahmen möchte ich in einem Jahr

● in *welchem* Angebotsbereich

● bei *welchen* Kundenkreisen

● *wieviel* mehr Rendite erreichen?

● *Wie* kann ich die Wirkungen kontrollieren?

Da solche Fragen als Anregung für Ihre Marketingarbeit in diesem Teil mehrfach vorkommen, zunächst eine kurze Erläuterung:
   Sie können zunächst jedesmal ein Beispiel lesen. Es soll Ihnen erleichtern, sich in die Materie hineinzudenken. In die dann folgende Leer-Matrix können Sie Ihre eigenen Ideen eintragen. Gemäß der Empfehlung in Teil 7 lohnt sich der Einbezug von Mitarbeitern bei Ihren Überlegungen.

Beispiel:
Marketingplanung Textil-Fachgeschäft DOB

Durch was?	*Vergrößerung der Sortimentsbreite in den Größen über 42, weil kaufkräftige ältere Damen oft nicht so schlank sind*
Mit welchen Mitteln?	*Zusätzliche Kabine mit bequemem Sitz; eventuell Schaufensterpuppen-Austausch*
Mit welchen Maßnahmen?	*a) Info der Verkaufskräfte, Verhaltenstraining der Verkaufskräfte*
	b) Interview in der Tagespresse
	c) Modeschau bei (Frauen-)Verbänden, Vereinen
	d) Anreizsysteme für Empfehlungen durch die Kundinnen
In welchem Angebotsbereich?	*Zeitlose Mode, nicht allzu aktuell*
Bei welchem Kundenkreis?	*Siehe oben*
Wieviel Rendite?	*3 Prozent mehr Rendite bei gleichem oder sinkendem Umsatz*
Wirkungskontrolle?	*Durch Kassenzettel/EDV. Dazu in den Kassen Sonderkennzeichnung der Aktionswaren*
Wann kontrollieren?	*a) laufend durch Beobachtung*
	b) bis 4 Wochen nach Presse-veröffentlichung
	c) nach jeder Modenschau
	d) bis 3 Monate nach Anreiz-System

Ihre Marketingplanung

Durch was?

_____

_____

_____

Mit welchen Mitteln?

_____

Mit welchen Maßnahmen?

_____

_____

_____

_____

In welchem Angebotsbereich?

_____

Bei welchem Kundenkreis?

_____

Wieviel Rendite?

_____

Wirkungskontrolle?

_____

_____

_____

Wann kontrollieren?

_____

_____

_____

_____

4.1 Verkäufertraining

Nur in wenigen Bereichen hat die Verkäufer-Persönlichkeit eine derartig starke geschäftliche Bedeutung wie im Fachhandel. Während wir bei Ärzten und Anwälten großen Wert darauf legen, mit entgegenkommenden, freundlichen und gutgelaunten Personen zu tun zu haben, finden wir im Handel nicht immer das gewünschte »Klima«. Zugegeben: Fachhandels-Verkaufskräfte gehören zu den weniger gut bezahlten Gruppen unserer Wirtschaft. Das muß aber nicht bedeuten, daß sie unmotiviert oder unfreundlich sind – wie es leider oft der Fall ist.

Von den vielen Möglichkeiten, mit Kunden verbindlich, also mit dem Ziel der Bindung ans Geschäft, umzugehen, nutzen die guten Verkaufskräfte meist schon die Hälfte und sind für eine Erweiterung ihrer Fähigkeiten durch Training dankbar. Das betrifft oft auch gute Teilzeitkräfte.

Im Training können sie lernen, daß eine richtig gestellte Frage schon beträchtlich zur Kundenbindung beiträgt, daß die Frage nach der Zufriedenheit mit dem Kauf ein wichtiges Bindeglied für das nächste Mal ist, daß das Anreden mit dem Namen das Verkaufsgespräch erleichtert und erheblich glatter ablaufen läßt etc.

Verkaufstraining sollte mehr sein, als beim Chef oder bei der besten Verkaufskraft »abzugucken«. Da der wirtschaftliche Erfolg eines Fachhändlers zum guten Teil von der Qualität der Bedienung und Beratung abhängt, rentiert sich eine solche Investition mit größter Sicherheit (siehe Teil 5).

Ein kleiner Händler mit drei bis fünf Verkaufskräften kann sich einen Trainer vermeintlich nicht leisten. In einigen Branchen aber gibt es das COCPIT-System und das Sellact-System zur Verhaltensverbesserung – meist angeboten durch einen führenden Hersteller. Der Händler zahlt nur ca. DM 350,– pro Jahr und Verkaufskraft und bekommt dafür 24 Trainingsstunden, eine laufende Betreuung beim Training, einen Lernwettbewerb und noch mehr. Er hat keine Nebenkosten zu tragen, und es gibt keine Ausfallzeiten. Da große Unternehmen, wie Mobil Oil, Volkswagen und OBI, von einem solchen system-konformen Programm Gebrauch machten, scheint das eine gute Sache zu sein.

Außerdem gibt es, veranstaltet von Einkaufsverbänden, Fachverbänden oder Innungen, gelegentlich auch preiswerte Seminare zum Verkaufsverhalten.

Die Rechnung ist einfach: Ein Mehrumsatz von nur 5 Prozent nach einem guten Seminar oder COCPIT-Programm bringt oft schon eine Verzinsung des ins Training investierten Geldes von mehr als 100 Prozent im Laufe eines Jahres. Im Teil 5, »Wirkungskontrolle«, gehe ich darauf noch einmal ein.

Achten Sie beim Verkaufstraining auf folgende Komponenten:

- Begrüßung
- Gesprächseröffnung
- Beratung bei Auswahl
- Warenpräsentation
- Argumentation
- Einwandbehandlung
- Auslösen der Kaufentscheidung
- Zusatzverkäufe
- Entscheidungsbestätigung
- Bitte um Empfehlung
- Motivationstraining zu den Bereichen
  Beruf
  Unternehmen
  Kundenkreis
  Angebot
- Persönlichkeitsentwicklung
- Steigerung der Leistungsbereitschaft

Für Ihre Trainingsplanung hier die wichtigsten Fragen:

Zum Thema Trainingsplanung (Verkäufer-Verhaltens-Training):

- *Welche* Verhaltensweisen sollen
- durch *wen/was*
- mit *welchem* Aufwand,
- *wie* oft,
- *wie* lange
  durch Training verbessert werden?
- *Wie* hoch kann mindestens/höchstens eine Mehrrendite daraus sein? (siehe auch Teil 5)
- *Wie* kann ich die Wirkungen kontrollieren?

Beispiel:
Verkäufertraining Apotheke

Welche Verhaltensweise?	*Freundlichkeit, Eingehen auf Kundenfragen, besonders zur OTC-Ware, Zusatzverkauf von zur ärztlichen Verordnung passenden Medikamenten*
Durch wen?	*Freiberufliche(r) Verkaufstrainer(in)*
Durch was?	*Gegebenenfalls COCPIT-Programm, apothekenspezifisch*
Mit welchem Aufwand?	*Zwei Trainingstage ca. DM 7.000,– COCPIT DM 350,– je Teilnehmer (24 Trainingsstunden)*
Wie oft?	*Zunächst einmal*
Wie lange?	*Ein Wochenende in der Apotheke*
Mehr-Rendite:	*Bei 15 Prozent Mehrumsatz in OTC-Ware und Spanne 30 Prozent: Mehr-Spanne minus Kosten*
Kontrolle der Rendite:	*Durch Monatsabrechnungen nach 1, 3, 6, 12 Monaten*
Kontrolle der Verhaltens-verbesserung:	*Durch eigene Beobachtung nach Kriterien, die der Trainer entwickelt*

Ihr Plan zum Verkäufertraining

Welche Verhaltensweise? _____

_____

_____

Durch wen? _____

Durch was? _____

_____

Mit welchem Aufwand? _____

Wie oft? _____

Wie lange? _____

Mehrrendite: _____

_____

_____

Kontrolle der Rendite: _____

_____

Kontrolle der Verhaltens-
verbesserung: _____

_____

_____

(Zum Thema Verkaufstraining siehe ergänzend: Max Meier-Maletz: »Professionelles Verkaufen im Einzelhandel«, Wirtschaftsverlag Carl Ueberreuter, Wien/Frankfurt 1997; ISBN 3-7064-0358-7)

Als Vorschlag hier eine einfache Checkliste, die Sie nach Ihrem Bedarf beliebig erweitern können. Diese und auch die folgenden Checklisten umreißen zugleich die Ziele und Aufgaben, die Sie mit Marketingmaßnahmen erreichen können.

Checkliste: Wirkungskontrolle Verkaufstraining

	Was	*durch*
Ohne Aufwand:	Käuferzahl pro Monat pro Jahr	Kassenzettel
	Durchschnittskauf pro Monat pro Jahr	Kasse
	Zahl der Produkte je Kauf (Zusatzverkäufe)	Kassenzettel
	Durchschnittszeit je Bedienung	Gesamtzeit geteilt durch Zahl der Käufer
	Zahl der Wiederkommer (Stammkunden)	Strichliste

4.2 Werbung

Die beste Werbung ist die »Mund-zu-Mund-Werbung«. Was immer Sie tun können, um diese Möglichkeit anzuregen – es wird Ihnen Nutzen bringen. Alle anderen Werbemaßnahmen sind zwar von Bedeutung, sollten aber letztlich der »Mund-zu-Mund-Werbung« zuarbeiten.

Weil die Wirkung der Werbung in den vergangenen 20 Jahren deutlich nachgelassen hat und weil die Überfütterung mit Werbung bei vielen Verbrauchern eine Abwehrhaltung erzeugte, sollte der Händler gut überlegen, wie er seine Werbung gestalten und verbreiten will. Abgesehen vom Handel mit Lebensmitteln, wo der Preis eine ausschlaggebende Rolle spielt, lassen sich in den meisten Fachhandelsbranchen die vorzügliche Beratung, Bedienung durch kundenorientierte Verkaufskräfte, die breite Auswahl und die Bequemlichkeit des Einkaufs erheblich besser werblich nutzen. Darum behandle ich in diesem Buch auch ausschließlich den Nonfood-Handel.

Werbung sollte auf das Geschäft und sein Sortiment neugierig machen. Werbung verkauft darum meist noch nicht. Alle Werbung hat nur Zweck, wenn die Verkaufskräfte die Werbeversprechungen auch erfüllen. Erst wenn die Verkaufskräfte mit Freundlichkeit, seriöser Argumentation und überzeugender Produkt-Demonstration arbeiten, bringt die Werbung ihren vollen Nutzen.

Eine interessante Form der Werbung ist die Einladung zu einer Verkaufsförderungsaktion (siehe 4.3). Es genügt nicht, mit der Werbung Kunden ins Geschäft zu locken. Ein Händler sagte mir im Seminar: »Aufgrund der Beilagen in der Tagespresse kommen viel mehr Kunden!« Er konnte mir aber nicht sagen, wieviel mehr Kunden kamen und um wieviel der Umsatz stieg.

Achten Sie bei Werbebriefen darauf, daß Hervorhebungen (Unterstreichungen, Fettdruck) die Neugier auf den Inhalt des Briefes wecken sollen. Wenn Sie die wichtigsten Aussagen durch Hervorhebungen kennzeichnen, braucht der Empfänger den Brief nicht mehr ganz zu lesen. Empfehlenswert sind Hervorhebungen wie »gerade für Sie«, »ganz besonders interessant«, »von hoher Bedeutung« und ähnliche Aussagen. Mit größter Sicherheit gelesen wird ein »PS« nach Ende des Briefes.

Wenn ein Kunde, angeregt von der Werbung, einen bestimmten Artikel kaufen möchte, wird er diesen Artikel »abkaufen«. Das **Ver**kaufen beginnt dann mit Kaufanregungen für Zusatz- oder Ergänzungsartikel. So wird die Werbung rentabel.

Hier einige Fragen, deren Beantwortung es Ihnen erleichtern kann, eigene Werbe-Aktivitäten zu entwickeln.

Zur Werbeplanung:

- Mit *welchen* Aussagen
- sollen *welche* Kunden(-Kreise)
- *wie* lange,
- *wie* oft
  zum Kommen veranlaßt werden?
- *Wie* hoch kann mindestens/höchstens eine direkte Rendite daraus sein?
- *Wie* kann ich die Wirkungen kontrollieren?

Beispiel: Werbeplanung Spielwaren

Mit welchen Aussagen?	*Zum Streßausgleich braucht's gar nicht viel, der beste Streßausgleich: ein Spiel!*
Welche Kundenkreise?	*Manager, leitende Angestellte, kleine und mittlere Unternehmen in der Region*
Wie lange?	*Mitte Januar bis Februar*
Wie oft?	*Dreimal Brief an 100 Adressen Bei Erfolg: Ausweitung auf 500 bis 1.000 Adressen*
Rendite:	*Gemäß Ausrechnung Teil 5*
Kontrolle:	*Kassenabrechnung/EDV (Sortimentsgruppen gekennzeichnet)*
Rendite:	*Monats-Abrechnung Februar–März*

Bitte benutzen Sie die folgende Matrix zur Entwicklung eigener Werbe-Ideen für Ihre Aktionen, gegebenenfalls zusammen mit Ihren Mitarbeitern.

Ihre Werbeplanung

Mit welchen Aussagen? _____

_____

_____

_____

Welche Kundenkreise? _____

_____

_____

Wie lange? _____

Wie oft? _____

_____

_____

Rendite: _____

Kontrolle: _____

_____

_____

Rendite: _____

_____

Als Anregung hier eine kurze Übersicht über die zwei wichtigsten Wirkungen von Werbung. Sie können sie beliebig erweitern.

Checkliste: Wirkungskontrolle Werbung

Ohne Aufwand	Zahl der Kunden, die sich auf Werbung beziehen	Strichliste
	Zahl der Käufe in beworbener Ware, in beworbenen Produkten	Kasse/EDV Abverkäufe

4.3 Verkaufsförderung

Die phantasieloseste Form der Verkaufsförderung ist der Preisnachlaß. Die Industrie macht ihre Verkaufsförderung unter anderem, indem sie dem Fachhändler Werbemittel für ihre Produkte zur Verfügung stellt. Damit wird nur das betreffende Produkt gefördert, bestenfalls eine Sortiments-Gruppe.

Welche Mittel aber kann der Händler für sich selbst, für sein Image und seinen eigenen Bekanntheitsgrad verwenden? Bei allen Überlegungen zur Verkaufsförderung lohnt es sich, deutlich auf bestimmte Kundengruppen und Bedarfsgruppen oder Verwendergruppen zu zielen. Ganz besonders nützlich sind Verkaufsförderungsaktionen.

4.3.1 Möglichkeiten der Verkaufsförderung

In der Verkaufsförderung des Handels gibt es eine Reihe von Möglichkeiten, die ich für Sie zusammengestellt habe. Ein Teil dieser Mittel wird von Herstellern angedient. Das schließt aber nicht aus, daß der Händler auch für sich selbst einmal eigene Mittel entwickelt.

gegenständlich (Mittel)	gegenständlich (Werbegabe)
Schild Plakat Fensterkleber Regalstopper Regalfahne Deckenhänger Gondel Figur Riesenpackung	Warenprobe Minipackung Werbegabe Gutschein Bon Los (STGB beachten) Sammelmarken (nur im Verbund mit anderen Händlern) Zugabe (geringwertig)

auditiv	audiovisuell
Regalimpulsgeber Durchsagen tönende Schaufenster tönende Displays Tonkassetten (endlos)	(Ton-)Film, endlos TV-Netz (close circuit, hausintern)

Sorgen Sie dafür, daß die bei den Aktionen angebotene Ware leicht zu finden ist, präsentieren Sie diese verbrauchergerecht in den vier Ebenen:

● Greif-Ebene

● Blick-Ebene

● Griff-Ebene

● gegebenenfalls Bück-Ebene

4.3.2 Verkaufsförderungsaktionen (Promotions)

Eine gute Verkaufsförderungsaktion ist Krönung und Mittelpunkt jeder Händleraktivität. Verkaufsförderungsaktionen zeigen sich als spezielle Veranstaltungen, im Marketing-Jargon »Events« genannt.

Die ideale Lösung ist jeweils eine Aktion, die nicht nur nichts kostet, sondern noch Rendite durch mehr Umsätze bringt – eine »self-liquidating-sales-promotion-action«, kurz SLISPA genannt. Dies wäre das erstrebenswerte Ideal. Auf jeden Fall wird Ihr persönlicher Einsatz, Ihre Zeit in Anspruch genommen, und es werden auch Ihre Mitarbeiter mit den Aktionen befaßt sein. So können Sie Fremdkosten sparen – von ein paar Drucksachen abgesehen.

Da das Eingehen auf eine bestimmte Branche in diesem Buch nicht vorgesehen ist, biete ich Ihnen in Teil 7 allgemein gültige Checklisten an. Auch diese können natürlich nicht vollständig für Sie passen, aber sie können als Anstoß dazu dienen, weitere Möglichkeiten zu finden.

Die folgenden Fragen sollen Ihnen helfen, Ihre Gedanken zu Verkaufsförderungsaktionen zu ordnen.

Zur Verkaufsförderungsplanung:

● *Was* soll

● mit *welchem* Aufwand,

● bei *wem,*

● durch *welche* Maßnahmen,

● in *welchem* Umfang verkauft werden?

● *Wie* kann ich die Aktion in Werbung und Öffentlichkeitsarbeit zusätzlich nutzen?

● *Wie* hoch kann mindestens/höchstens eine Mehrrendite daraus sein?

● *Wie* kann ich die Wirkungen kontrollieren?

Beispiel: Verkaufsförderung Fachhandel Tapeten, Auslegware, Farben, Lacke

Was?	*Tapeten (Renovierungsbedarf)*
Mit welchem Aufwand?	*Maximal DM 3.000,–* *(inklusive Werbung, PR in der Presse)*
Bei wem?	*Kinderlose (ältere) Paare*
Welche Maßnahmen?	*»Tapeten-Konzert« (Oldies auf CD oder Platte mit fröhlichem Kommentar) in Zusammenarbeit mit Tanzschule oder Restaurant in deren Räumen, evtl. mit Dia-Schau eines Herstellers*
In welchem Umfang?	*10 Käufer mit ca. DM 3.000,– im Laufe des Folgemonats*
Werbung:	*Dreimal Einladungsbrief mit Antwortkarte und Verlosungs-Ankündigung in Wohngegenden des gehobenen Mittelstands (Postwurf)* *Werbespruch:* *»Neue Wände? Ja, das lohnt, wenn man länger schon drin wohnt!«*

Öffentlichkeitsarbeit:	*Einladung an die Presse*
	Nach Veranstaltung: Meldung oder
	Zweispalter mit Foto (siehe auch 4.4)
Rendite:	*Gemäß Ausrechnung in Teil 5*
Kontrolle:	*Wöchentlich bis etwa ein Monat nach*
	Veranstaltung durch Vorteils-Gewährung bei
	Vorlage der Einladung und Sonderposition in
	der Kasse

Mit der Anregung zur Durchführung von Aktionen soll es hier nicht getan sein. Wie versprochen, möchte ich es Ihnen erleichtern, solche Aktionen zu planen und durchzuführen. Vorschläge für geeignete *Checklisten* finden Sie in Teil 7. Darum habe ich hier auf die Matrix »Entwicklung von Ideen« verzichtet. Im Teil 7 finden Sie ausführlichere Anregungen für Ihre Verkaufsförderungsarbeit.

Wenn Sie die Wirkungen der Verkaufsförderungsaktionen interessieren, bedienen Sie sich bitte der nachfolgenden Anregungen.

Checkliste: Wirkungskontrolle Verkaufsförderungsaktionen

Ohne Aufwand:	(Mehr-)Umsatz der betreffenden Ware, Sortimentsgruppe: pro Tag pro Woche pro Monat	Kasse/EDV
	(Mehr-)Umsatz in anderen Sortiments-teilen: pro Tag pro Woche pro Monat	Kasse/EDV
	Neukundengewinnung: pro Tag pro Woche pro Monat	Befragung und Liste an der Kasse (»Kaufen Sie häufiger hier?«)
	Zahl der Teilnehmer/ Besucher zur Aktion	Zählung
Mit geringem Aufwand:	Adressen der Aktions-Teilnehmer/Besucher	durch Teilnehmer-kärtchen mit Fra-gen und Verlosung

4.4 Öffentlichkeitsarbeit

Es ist erfreulich, daß einige Fachhändler es immer wieder verstehen, in der lokalen Presse positiv erwähnt zu werden. Damit jeder Fachhändler, der dieses Buch liest, in seinem Gebiet, in einer Stadt oder Vorstadt auch jederzeit eine »gute Presse« bekommen kann, biete ich Ihnen Anleitung und Anregung zur Öffentlichkeitsarbeit. Ein Beispiel ergänzt diese Ausführungen.

Öffentlichkeitsarbeit, auch »Public Relations« (PR) genannt, betrifft in erster Linie die Presse. Zu Funk und Fernsehen nehme ich am Ende des Abschnittes kurz Stellung.

Pressearbeit betrifft alle Organe, die von einem breiten oder ausgewählten Publikum gelesen werden:

● Tageszeitungen

● Wochenzeitungen

● Einkaufsblätter

● Verbandsnachrichten aller Art

● Vereinsnachrichten

● Informationsdienste

● gegebenenfalls Parteiorgane

Sie können sie alle zugleich oder – je nach Ihren Zielen oder Aussagen – auch nur teilweise mit Informationen bedienen.

Die häufigsten Ziele der Pressearbeit sind

● Verstärkung Ihres Images, Ihres guten Rufes,

● Erhöhung Ihres Bekanntheitsgrades.

Für die Pressearbeit gibt es grundsätzlich fünf Möglichkeiten:

1. Den Leserbrief
2. Die Kurzmeldung
3. Den Zweispalter
4. Den Fachartikel
5. Das Interview

Diese fünf Möglichkeiten werden nachstehend kurz beschrieben.

4.4.1 Der Leserbrief

Wenn Sie etwas lesen, hören oder erfahren, das Ihre Branche oder den Fachhandel allgemein betrifft, empfiehlt sich eine Stellungnahme, ohne damit direkt
für sich werben zu wollen. Der Redakteur wird Ihren Leserbrief nur bringen,
wenn er annimmt, daß Ihre Meinung die Leser interessiert.

Überlegen Sie, inwieweit Sie mit Ihrem Leserbrief provozieren wollen, ob eine
Provokation Ihrem Geschäft nützt oder schadet. Formulieren Sie Ihre Betrach-
tungsweise so, daß sie für alle verständlich bleibt (kein Fachchinesisch). Äußern
Sie Sorgen, geben Sie Hinweise, danken Sie der Öffentlichkeit/Ihren Kunden.

Wichtig: Fassen Sie sich kurz! Das bedeutet für Sie: Überlegen Sie, welche
Ihrer Aussagen die wichtigste ist, und reduzieren Sie Ihren Leserbrief auf diese
Aussage. Im Leserbrief kann es weder lange Aufzählungen noch viele Zahlen
geben. – Wenn Sie Glück haben oder der Redakteur Sie kennt, kann aus einem
Leserbrief der Wunsch nach einem Zweispalter oder einem Fachartikel ent-
stehen.

4.4.2 Die Kurzmeldung

Eine Meldung besteht aus zehn bis zwölf Zeilen, eineinhalbzeilig getippt.

Sie haben einen Anlaß (siehe »Verkaufsförderung«)?

Dann schicken Sie eine Meldung an alle oder einige der oben angeführten
Presseorgane.

Sie haben einen guten Gedanken, eine neue Idee?

Durchdenken Sie diese erst ganz gründlich, schaffen Sie sich Klarheit, formulieren Sie flüssig und deutlich, und dann versenden Sie Ihre Meldung.

4.4.3 Der Zweispalter

Er heißt so, weil er sich über zwei oder mehr Spalten der Presseorgane erstrecken
kann. Er kann auch als Randspalte senkrecht verlaufen – das ist ideal! Stimmen
Sie den Umfang vorher mit der Redaktion ab. Dafür kommt der Lokalredakteur
oder der Wirtschaftsredakteur in Frage. Inzwischen sind viele Redaktionen von
sehr kompetenten Frauen besetzt.

Auch der Zweispalter wird eineinhalbzeilig geschrieben. Er kann schon eine
kleine Aufzählung oder ein paar Zahlen enthalten. Zweckmäßig nennen Sie

unten auf Ihrem Zweispalter für den Redakteur die Zahl der Anschläge. Vergessen Sie nicht, Ihren Namen und Ihre Adresse dazuzusetzen (wie beim Leserbrief).

4.4.4 Der Fachartikel

Er ist die Krönung der Pressearbeit, nützt Ihrem Image und dem Bekanntheitsgrad am meisten. Zu einem Fachartikel gehören auch Schaubilder oder Matrixen, Skizzen, Fotos etc., möglichst auch fünf bis zehn Thesen als Zusammenfassung.

Ein Tip: Formulieren Sie Ihre Thesen zuerst. Das erhöht die Klarheit des eigenen Denkens und erleichtert Ihnen die Formulierungen.

Der Umfang des Fachartikels sollte mit der Redaktion unbedingt abgestimmt werden. Sie riskieren aber immer, daß dort noch gekürzt wird.

Denken Sie bei Zweispaltern und Fachartikeln daran, daß Sie Aufmerksamkeit und Neugier erzeugen müssen – durch

● attraktive Überschrift,

● gegebenenfalls Zusatzzeile zur Überschrift,

● Matrixen, Aufstellungen und Thesen,

● Skizzen, Fotos.

Achten Sie bei Fotos darauf, daß der Name Ihres Geschäftes im Hintergrund sichtbar ist. Ein für solche Zwecke angefertigtes großes Schild hilft dabei.

Zu Fotos oder Skizzen gehört eine von Ihnen verfaßte Beschreibung oder Erläuterung. Diese wird auf der Rückseite des Fotos mit Tesafilm so aufgeklebt, daß der Redakteur sie leicht ausklappen und lesen kann, also nicht festleimen! Viele Leime, insbesondere Flüssigkleber, schlagen übrigens durch Fotos durch und verderben die Vorderseite.

Für den Fall, daß Foto/Skizze und Bildtext in der Redaktion mal getrennt werden, empfiehlt sich, auf der Rückseite Ihre Anschrift noch einmal als Aufkleber anzubringen. Pressefotos werden in Schwarzweiß, 10 x 15 cm (oder größer), »hart« abgezogen, versandt.

Noch einige Hinweise:

1. Redakteure haben viel zu tun und darum wenig Zeit. Machen Sie den Damen und Herren die Arbeit möglichst leicht – dann steigen Ihre Chancen.

2. Haben Sie Geduld! Oft reagiert die Presse erst nach mehreren Meldungen oder Leserbriefen.

3. Ihr Ziel sollte sein, daß die Redaktion später von Ihnen zu bestimmten Themen Ihre Meinung oder Stellungnahme erfragt. Da interessiert der kleine, aber »freie« Händler oft mehr als der Geschäftsführer einer großen Ladenkette. Der Fachhändler als mittelständischer Unternehmer sollte seine Meinung so oft wie möglich äußern können – auch im Interesse der Allgemeinheit.

4. Denken Sie daran: Ein Lokalredakteur freut sich über Informationen, von denen er annimmt, daß sie seine Leser interessieren. Er wird aber keine Informationen bringen, die nur dem Händler nutzen – übrigens auch dann nicht, wenn dieser Händler laufend Anzeigen schaltet. Interessant ist alles, was mit Kindern oder Tieren zusammenhängt.

5. Ein Lokalredakteur in Stadt und Land berichtet immer gern über
   – Firmenjubiläen (1, 5, 10, 15, 20, 25 Jahre etc.)
   – interessante Veranstaltungen
   – Umbau
   – Neueröffnung

6. Lokal-Redakteure in der Vorstadt und auf dem Lande berichten gern auch über
   – runde Geburtstage über 50,
   – Geschäftsübernahme durch den Junior,
   – andere personelle Veränderungen von Bedeutung.

7. Interessant sind immer Zahlen, also Umsatz, Quadratmeter, Mitarbeiterzahl (inkl. Teilzeitkräften). Völlig uninteressant ist es für den Redakteur zum Beispiel, daß bei Ihnen eine bestimmte Warengruppe nun doppelt so breit angeboten wird oder daß Sie ein Faxgerät bekommen haben. Es kommt aber auch darauf an, wie Sie eine Meldung formulieren.

Dazu ein Beispiel:

Nehmen wir mal an, Sie hätten aufgrund einer Fragebogenaktion (siehe Teil 6: »Beispiele und Anregungen«) 100 bis 120 Reaktionen bekommen. Damit haben Sie nicht nur ca. 80 bis 100 Adressen für Ihre Briefwerbung bekommen (mehrere Personen aus dem gleichen Haushalt haben ausgefüllt), sondern auch aussagekräftige Angaben für die Presse.

Meldung dazu etwa:

XY auf Kunden eingestellt!

Die Kunden dieses Hauses wurden über den Grad ihrer Zufriedenheit befragt und konnten sich schriftlich äußern. Die Ergebnisse: 95,3 % finden Lichtverhältnisse und Raumklima gut oder sehr gut. Mit dem Sortiment sind 52,1 % zufrieden, 35,2 % sogar sehr zufrieden, aber 12,7 % hätten gern noch mehr. Keiner der Kunden findet das Sortiment mangelhaft oder unzureichend.

Über das Verhalten des Personals äußerten sich 62,3 % zufrieden bis begeistert, 31,7 % sind nicht ganz zufrieden. 4 % finden einige Mängel, und 2 % hatten keine Meinung dazu.

Auch bei der Schnelligkeit des Bedienung liegt der Schnitt im positiven Bereich. Dazu die Inhaberin von Firma XY, Frau ...: »Wir werden uns bemühen, diese schon recht guten Ergebnisse noch zu verbessern.«

4.4.5 Das Interview

Bei guter Verbindung zur Presse, aber auch zum regionalen Rundfunk bietet das Interview eine nützliche Form der Öffentlichkeitsarbeit. Dabei antworten Sie auf verabredete Fragen des Redakteurs, die dann gedruckt oder gesendet werden. Bei Live-Interviews im Funk oder Fernsehen müssen Sie damit rechnen, daß der Interviewer eine Frage abwandelt oder eine zusätzliche Frage einbringt. Bitten Sie bei Presse-Interviews darum, daß Sie den Text noch einmal sehen können, bevor er gedruckt wird.

4.4.6 Der Vortrag

Wenn Sie zu den Eigenheiten Ihrer Branche, zu Aussichten und Warengruppen, zu Problemen und Lösungen etwas zu sagen haben, empfiehlt sich ein Vortrag – gleich vor welchem Gremium. Hier einige Anregungen für Vorträge:

Auch wenn Sie kein brillanter Redner sind: Ihre Ernsthaftigkeit und innere Überzeugung wirken oft besser als geschliffene Formulierungen. Die Dialektfärbung Ihrer Sprache kommt sicher gut an – Sie arbeiten ja in Ihrer Region.

Schon nach drei bis vier Vorträgen bekommen Sie Routine und Erfahrungen, lassen Aussagen fort, die nicht »ankommen«, und bringen Beispiele, die noch überzeugender wirken. Empfehlenswert: Lassen Sie Ihren Vortrag auf Tonband oder Kassette aufnehmen. Daran lernen Sie am schnellsten.

Auf jeden Vortrag sollten Sie sich immer wieder gründlich vorbereiten. Aktuelle Meldungen aus der Presse nützen Ihnen dabei ebenso wie Bildmaterial.

Es gibt verschiedene Arbeitsmethoden für Vorträge:

a) Der Vortrag, unterstützt vom Overhead-(Tageslicht-)Projektor

Die dazu notwendigen Transparentfolien macht Ihnen, nach Ihrer Vorlage, jeder Copyshop (auch von Fotos).

b) Der Vortrag mit Stichwortkärtchen

Die von Ihnen numerierten Kärtchen in Postkartengröße enthalten Ihre Stichwörter, die Sie nacheinander benutzen. Dadurch können Sie nie ins Stocken geraten und, falls die Zeit knapp wird, auch einmal etwas überschlagen.

c) Der abgelesene Vortrag

Diese Form ist nur scheinbar leicht. Durch das Ablesen verlieren Sie schnell mal den Kontakt mit dem Auditorium. Falls Sie diese Form verwenden möchten, empfiehlt sich die Unterstreichung der wichtigsten Wörter für Ihre Vortragsarbeit.

d) Der Vortrag mit Dia-Unterstützung

Er hat den Nachteil, daß der Raum, im Gegensatz zur Verwendung eines Tageslicht-Projektors, abgedunkelt werden muß. Sie sprechen also in ein

»dunkles Loch«. Das können Sie überbrücken, wenn Sie sich innerlich an einen oder mehrere der Zuhörer wenden.

e) Der Vortrag vor/nach Filmen

Sie können Filme (z. B. eines Lieferanten) benutzen, falls Sie nicht selbst einen Film (VHS) aufnehmen möchten. Dazu empfiehlt sich ein Drehbuch, an dem Sie sich ungefähr orientieren.

f) Der freie Vortrag

Dieser ist die Krönung des Könnens. Er setzt eine absolute Beherrschung des Themas ebenso voraus wie die Fähigkeit, spontan formulieren zu können.

Lassen Sie vor und nach Ihrem Vortrag genügend Zeit für Einzelgespräche, und verteilen Sie eine für Sie und die Zuhörer nützliche Unterlage mit Ihrer Anschrift zur Erinnerung.

Aus den bisherigen Ausführungen lassen sich die Basisfragen für Ihre Presse-Überlegungen ableiten:

● *Welche* Leser/Kunden möchte ich

● durch *welche* Medien,

● mit *welchem* Thema,

● *wie* durchzuführen,

● mit *welchen* Wirkungszielen erreichen?

● *Wie* kann ich die Wirkungen kontrollieren?

Beispiel: Öffentlichkeitsarbeit Schreibwarenhandel

Welche Leser/Kunden?   *Erwachsene mit Kindern*

Welche Medien?   *Lokalredaktionen, Frauenredaktion*

Welches Thema?   *»Kinder sehen ihre Umwelt!«*
                            Malwettbewerb für Kinder von 6–12 Jahren
                            in drei Alters-Kategorien. Werbeslogan:
                            »Die Jugend zeigt's den Alten:
                            So müssen wir's gestalten!«

Wie durchführen?   *(evtl. in Zusammenarbeit mit einer*
                            Tageszeitung und/oder Schule)
                            1. Ankündigung in der Presse
                            2. Meldung über Beteiligungsumfang
                            3. Mitteilung der Gewinner (mit Fotos der
                            *   Zeichnungen)*

Welche Wirkungsziele?   *Erhöhung des Bekanntheitsgrades,*
                            Verstärkung des Images als
                            kinderfreundliches Geschäft

Wirkungskontrolle: *1. Zahl der Teilnehmer am Wettbewerb*
                            2. Zählung/Schätzung der neuen Käufer
                            3. Umsatz in einschlägigen Waren

Ihr Plan für Öffentlichkeitsarbeit

Welche Leser/Kunden? _____

Welche Medien? _____

Welches Thema? _____

_____

_____

_____

Wie durchführen? _____

_____

_____

_____

_____

Welche Wirkungsziele? _____

_____

_____

Wirkungskontrolle: _____

_____

_____

_____

Die Mindest-Wirkungen sind in der folgenden Checkliste aufgeführt. Sicher sind Sie aber auch selbst daran interessiert, festzustellen, ob und inwieweit Ihre PR-Aussendungen abgedruckt wurden und wie sie direkt gewirkt haben.

Checkliste: Wirkungskontrolle Öffentlichkeitsarbeit/PR

Ohne Aufwand	Zahl der Abdrucke (mit Auflage) in Tagespresse bis eine Woche, in Fachpresse, Vereinsblättern etc. ein Monat	selber lesen (Auflage im Impressum)
	Auflage insgesamt, (erreichte Leser)	addieren, evtl. Leser pro Nummer erfragen
	Reaktion (Briefe, Anrufe) aufgrund der PR	zählen (evtl. Größe der Abdrucke zum Vergleich mit Anzeigenpreis)

Teil 5:

Wirkungskontrolle

♦ *Marketingmaßnahmen ohne Kontrolle sind wie
eine Uhr ohne Zeiger: Alles läuft, aber keiner weiß
Bescheid.*

Die Feststellung der Wirkungen von Maßnahmen der Marketing-Kommunikation dient in erster Linie der Erleichterung der nächsten Kommunikations-
entscheidung. Solange Sie nicht wissen, wie stark eine Maßnahme der
Kommunikation gewirkt hat, sehen Sie diese Investition in den Markt immer
nur unter Kostengesichtspunkten. Dabei kommt es viel stärker darauf an, die
Maßnahmen im Hinblick auf deren **Wirkungen** zu betrachten. Sie möchten
wissen, wie Ihre Maßnahmen gewirkt haben, wie sich also bestimmte Dinge
geändert haben.

Jede Feststellung von Veränderungen oder Verbesserungen setzt eine Ist-
Feststellung voraus. Dabei ist es notwendig, daß die Kriterien für die Ist-
Feststellung die gleichen sind wie bei den späteren Erhebungen. Nach drei bis
vier Erhebungen bekommen Sie einen recht guten Eindruck von den
Wirkungen. Soweit Sie einige der nachfolgend vorgeschlagenen Mindestkriterien
bereits regelmäßig erfassen, bedeutet die Ist-Feststellung kaum zusätzlichen
Aufwand. Sie brauchen lediglich die vorgeschlagenen Zusammenhänge
auszuwerten. Schließlich interessiert Sie ja sicher, ob und in welchem Umfang
zum Beispiel die Zahl der Käufer nach einer Werbung steigt.

5.1 Basisfragen

Zur Strukturierung Ihrer Überlegungen zur Wirkungskontrolle hier die wichtigsten Fragen:

- *Was* soll
- *wie*
- *wie lange*
- durch *wen*
- und mit *welchem* Aufwand

  kontrolliert werden?

Diese Fragen behandle ich nachstehend im einzelnen. Dabei stellen die vorgeschlagenen Kriterien sozusagen Mindestkriterien dar, die Sie jedenfalls immer wieder erheben sollten.

Was?

Kontrollieren Sie zunächst nur vier Bereiche:

1. Umsätze gesamt
   a) Umsätze nach Sortimentsteilen/Warengruppen
   b) Umsätze nach speziell geförderten/beworbenen Waren

2. Besucherzahlen
   a) nach Wochentagen
   b) nach Saison(-Monaten)

3. Käuferzahlen
   a) nach Zahl der Käufer (ausgegebene Kassenbons)
   b) nach Höhe der Kaufsummen
   c) nach Zahl der gekauften Positionen

4. Image und Bekanntheitsgrad
   nach 5 bis 7 Kriterien, gestützt oder ungestützt

Gestützt bedeutet: Die Firma wird genannt, und die Kriterien werden abgefragt. Ungestützt bedeutet: Es wird gefragt, bei welchem der Fachhändler die Kriterien wohl am besten erfüllt werden.

Wie?

zu 1. und 2.: Durch Auswertung der Kassen-Unterlagen
zu 3.: Durch Zählung, evtl. mit Hilfe einer Lichtschranke
zu 4.: Durch mehrfache Befragung

Wie lange?

a) Bei Verkaufstraining: 1, 3, 6 und 12 Monate nach Training
b) Bei Verkaufsförderungsaktionen: 1, 3, 6 Wochen nach Aktion
c) Bei Werbung: 1, 2, 3 Wochen nach Werbung
d) Bei Angebots-PR: 1. und 2. Woche nach Erscheinen

Zu Image und Bekanntheitsgrad allgemein: Maximal zweimal jährlich

Durch wen?

Die Auswahl erfolgt zweckmäßig durch den Chef, Inhaber, Geschäftsleiter.

Mit welchem Aufwand?

1. Umsatz- und Kaufzahlen: Durch regelmäßige Auswertung der Kassen-Unterlagen (kein zusätzlicher Fremdaufwand)

2. Besucherzahlen: Das Zählen von Besuchern fällt meist schwer. Eine Lichtschranke (ca. DM 500,– bis DM 700,–) mit Zähler oder ein mit der Türklingel verbundener Zähler (ca. DM 50,–) erleichtern diese Arbeit. Vergessen Sie nicht, den Zähler täglich abzulesen.

3. Image und Bekanntheitsgrad: Entwicklung von Fragebögen und die Durchführung von Befragungen sind aufwendig. Zur Befragung der eigenen Kunden an der Kasse empfiehlt es sich, Fragebögen mit einem einfachen Paginierer zu numerieren und eine Auslosung anzukündigen (sonst füllt keiner die Fragebögen aus).

Nützliche Kontrollzahlen

● Wie viele der Besucher haben gekauft? (in Prozent)

● Wie hat sich die durchschnittliche Kaufsumme geändert? (in DM)

● Wie hat sich die Zahl der Käufe je Bon/Rechnung geändert? (1 und 2 Positionen ... %, 3 bis 5 Positionen ... %, über 5 Positionen ... %)

Anmerkung: Je nach Branche können hier unterschiedliche Blocks gebildet werden.

5.2 Allgemeine Hinweise

Nach einer **Werbeaktion** für ein Produkt oder einen bestimmten Teil des Sortiments läßt sich recht genau feststellen, wieviel **Mehrumsatz** durch die Werbung entstanden ist und wie lange diese Wirkung anhält. Kontrollieren Sie hier eine Woche lang täglich und noch einmal im Wochenabstand die beworbene Warengruppe. Auch nach einer **Verkaufsförderungsaktion** lassen sich Umsatzkriterien leicht und ohne großen Aufwand messen. Hier sind 1, 3 und 6 Wochen nach Aktion als Kontrolltermine zu empfehlen.

Die Wirkungen von **Verkäufertrainings** auf den Umsatz sind sofort, aber auch langfristig zu erwarten. Hier sollten die Zahlen jeweils 1, 3, 6 und 12 Monate nach Trainings gemessen werden. Verkaufstrainings bringen erfahrungsgemäß die größte Wirkung auf Umsatz und Motivation der Mitarbeiter.

Die Wirkungen von **PR-Maßnahmen** auf den Umsatz sind sofort nach Veröffentlichung zu messen. Bei allgemeiner Zielsetzung ist die Zuordnung der Umsatzsteigerung zu den PR-Maßnahmen sehr schwierig. Hingegen läßt sich die Wirkung auf Image und Bekanntheitsgrad durchaus messen. Leider kostet diese Messung einen zusätzlichen Aufwand. Da aber Image und Bekanntheitsgrad nur Zweck haben, wenn sie auch zu mehr Besuchern und höheren Umsätzen führen, können Sie auf diesen Aufwand zunächst verzichten. Auf die Dauer aber lohnt er sich.

Bei der Feststellung der **Besucherzahl** fehlt es meist an den Voraussetzungen. Empfehlenswert ist eine einfache Lichtschranke in der Tür oder den Türen, verbunden mit einem Zähler. Da Eintritt und Verlassen des Geschäftes gezählt werden, muß die Zahl einfach halbiert werden, und die Impulse durch die eigenen Mitarbeiter müssen abgezogen werden. – Es empfiehlt sich, eine Lichtschranke in Höhe von 1,20 m und eine in Höhe von 1,70 m anzubringen. Damit können Sie die Zahl der Erwachsenen und Halbwüchsigen und der Kinder feststellen. Achten Sie darauf, daß Sie die Erwachsenen aus der Zählung der »Kleinen« wieder herausnehmen. Sie lösen ja auch den Kontakt bei 1,20 m aus. – Gewiß, diese Zählung ergibt keine genauen Zahlen, aber es geht ja um die Zunahme der Besucherfrequenz, zum Beispiel nach Werbeaktionen. Der Vergleich zeigt Ihnen bald, wie viele Kunden zum Beispiel nach einer Werbeaktion in den betreffenden Wochen zusätzlich ins Geschäft kommen.

Bei **Verkaufsförderungsaktionen** gibt es ein einfaches Verfahren, die Wirkung zu verlängern und die Bindung an die Kunden zu erhöhen: Geben Sie numerierte, farbige Kärtchen im halben Postkarten-Format aus, die als Basis einer Verlosung dienen. Damit der Gewinner benachrichtigt werden kann, müssen die Adressen aufgeschrieben werden. Ca. eine Woche nach der Aktion benachrichtigen Sie die Gewinner und verlängern so die Wirkung der Aktion.

Die auf diese Weise gewonnenen Adressen können Sie nachträglich auch als Basis von Werbeaussendungen verwenden, ohne daß Sie dabei Streuverluste bekommen. Da Sie wahrscheinlich Kinder-Adressen nicht separat bearbeiten möchten, kennzeichnen Sie die Kärtchen, die an Kinder ausgegeben werden, durch eine abgeschnittene Ecke. Die Kärtchen mit abgeschnittener Ecke sind im unteren Teil des Abgabestapels (Handverteilung), die für Erwachsene im oberen Teil. Die Kärtchen mit abgeschnittenen Ecken werden bei der Bearbeitung per Brief gegebenenfalls ausgenommen.

Es bleibt Ihnen überlassen, ob Sie die Verlosung unter notarieller Aufsicht durchführen oder nicht. Der guten Ordnung halber erkundigen Sie sich bitte, ob Sie in Ihrer Region für kleine Verlosungen eine formelle Genehmigung brauchen (Ordnungsamt). Verlost werden kleine Gegenstände, Einkaufsgutscheine etc.

Eine gute Kontrolle dafür, inwieweit **auswärtige Verkaufsförderungsaktionen**, zum Beispiel in einem Restaurant oder einem Hotel, Ihnen anschließend Käufer bringen, ergibt sich, wenn Sie bei derartigen Aktionen einen Gegenstand (Nuß, Fläschchen, Karte, Prospekt etc.) verteilen, der ein aufgedrucktes oder aufgeklebtes Zeichen trägt. Wer mit diesem Zeichen in Ihr Geschäft kommt, kann sich zum Beispiel aus der Grabbelkiste einen geringwertigen Gegenstand aussuchen oder bekommt ein Prozent Skonto bei Kauf von mehr als DM 100,– oder kann einen Katalog, der sonst etwas kostet, gratis oder zum halben Preis bekommen etc.

Wirkungen von Verkaufsförderung kontrollieren

	vor	während Veranstaltungen	nach	Bemerkungen
Wann kontrollieren?				
Was kontrollieren?				
Umsätze allgemein	O	O	O	
Umsätze nach Warengruppen	O	O	O	
Umsätze nach angesprochener Zielgruppe	O	O	O	
Bedarfs-Gewichtung d. Gäste	O	O	O	
Einladungs-Echo	O	O	O	
Presse-Echo	O	O	O	
Brutto-Rendite	O	O	O	
Image-Zuwachs	O	O	O	
Steigerung des Bekanntheitsgrades	O	O	O	
Kosten-Nutzen-Verhältnis	O	O	O	
Wie kontrollieren?				
Karteikarten	O	O	O	
Listen	O	O	O	
Befragungen persönlich	O	O	O	
Fragebögen	O	O	O	
Bon-Anzeigen	O	O	O	
Checkpoints im Hause	O	O	O	
Verwertung Kontrollergebnisse				
Publikationen	O	O	O	
Dokumentationen	O	O	O	
eigenes Sortiment	O	O	O	
eigene Werbung	O	O	O	

Zufriedenstellende Wirkungen sind immer eine Meldung wert. Wirkungen, die nicht zufriedenstellend sind, bringen Erfahrungen für die Zukunft. Gute Kontrollergebnisse können Sie folgendermaßen verwerten:

Wenn Sie zum Beispiel als Werbebrief oder in Verbindung mit einem solchen ein Interview mit einem oder einigen Kunden veröffentlichen, haben Sie mehr für sich getan als der Wettbewerb. Das gleiche gilt für die Veröffentlichung von Fragebogenaktionen. Da spielt dann auch die Presse gerne mit.

Von Werbe- und Verkaufsförderungsaktionen werden im allgemeinen kurzfristige Wirkungen erwartet. Verkäufertrainings bringen außerdem eine dauerhafte Wirkung auf den Umsatz. Die Umsatzwirkung sollte jeweils 1, 3, 6 und 12 Monate nach Training kontrolliert werden.

Das **Image** wird von mehreren Komponenten bestimmt, zum Beispiel:

● Freundlichkeit der Bedienung
● Schnelligkeit der Bedienung
● Sachkompetenz der Verkaufskräfte
● Eindruck von den Verkaufsräumen
● Warenpräsentation
● Sortimentsbreite
● Sortimentstiefe
● äußere Erscheinung (Ladenfront, Schaufenster)
  und anderes mehr

Bei der Gestaltung der Image-Umfrage wird eine Skalierung der Aussagen von 1 bis 6 notwendig. Ein »Ja/Nein« hätte eine zu geringe Aussagekraft. Eine Ist-Analyse und die späteren Feststellungen sind um so aufwendiger, je mehr Einzelpunkte erhoben werden und je mehr Personen befragt werden. Gerade die Ist-Analyse muß so angelegt sein, daß die folgende Image-Veränderung nach den gleichen Kriterien festgestellt werden kann. Im Kapitel 6, »Beispiele und Anregungen«, finden Sie auch Vorschläge für eine kleine Image-Umfrage.

Die Messung des Einflusses der Marketing-Kommunikation auf den **Bekanntheitsgrad** ist weniger aufwendig. Sie können einen gestützten oder ungestützten Bekanntheitsgrad ermitteln. »Gestützt« bedeutet: Aus einer Aufzählung von fünf bis zehn Handelsgeschäften kreuzt der/die Befragte drei an, die er/sie kennt. Je öfter Sie dort angekreuzt werden, desto höher ist Ihr Bekanntheitsgrad. »Ungestützt« bedeutet: Der/die Befragte nennt drei Namen von Geschäften der betreffenden Branche. Je öfter Sie dabei genannt werden, desto höher ist Ihr Bekanntheitsgrad.

5.3 Wirkungen von Verkaufstraining

Verkaufstraining bezieht sich ausschließlich auf das Verhalten der Verkäufer im Umgang mit der Kundschaft. Die Vermittlung von Fachwissen wird Verkaufsschulung genannt – auch wenn dabei produktspezifische Eigenschaften und Argumente vermittelt werden. Die überzeugende Anwendung der Argumente, also die Argumentation, ist zum Beispiel Gegenstand von Verkaufstrainings.

Die umfangreichste mir bekannte Erhebung über Wirkungen von Verkaufstrainings bezieht sich auf fast 2.000 Kfz-Reparaturwerkstätten mit insgesamt über 10.000 Verkaufskräften. Die Daten wurden über einen Zeitraum von drei Jahren erhoben. Da nicht nur die Umsatzwirkung, sondern auch andere Wirkungen erhoben wurden, dient das Beispiel als Anregung für Ihre Verkaufstrainings. Es zeigt, daß eine Differenzierung nach Angebots-(Sortiments-)Gruppen möglich ist und sich lohnt. Es zeigt auch, daß die Kriterien für die Wirkungskontrolle sich differenzieren lassen.

Die oben angeführte Trainingsmaßnahme ergab folgende Werte für Umsatzzuwächse, die übrigens auch dann entstanden, wenn der Umsatz der Branche durchschnittlich um ca. 10 % sank:

Angebotsbereich Umsatzzuwachs nach Training	1. Jahr in %	2. Jahr in %	3. Jahr in %
Werkstattleistung	8,9	14,3	13,5
Ersatzteile	11,8	13,4	15,1
Zubehör	14,9	14,4	16,4

Motivation zur Mehrleistung
(Erhebung erstes Jahr)

16,6 % sehr groß
17,5 % groß
25,7 % mittel
0,2 % gering

Zeitgewinn im Umgang mit Kunden
(Erhebung zweites Jahr)

0,0 % bei 40 % der Werkstätten
ca. 10 % bei 49 % der Werkstätten
ca. 20 % bei 32 % der Werkstätten
ca. 30 % bei 11 % der Werkstätten
4 % keine Angaben

Durchschnittlicher Zeitgewinn

16 %

Freundlicheres Verhalten im Umgang
mit Kunden meldeten
                                     im 1. Jahr 50,2 %
                                     im 2. Jahr 38,7 %
                                     im 3. Jahr 33,9 %

Die durchschnittliche Verhaltensverbesserung war »deutlich« oder »stark« bei durchschnittlich 40,3 % der Geschäfte.
  Die positive Wirkung des Verkaufstrainings auf den Teamgeist wurde durchschnittlich von 41,2 % gemeldet.
  Um Ihnen Mut zu machen, Verkaufstraining einzusetzen, hier noch einige Beispiele zu Umsatzerhöhungen durch Verkaufs-Verhaltenstraining:

Textilhandel (3 Jahre, einmal pro Jahr):   durchschnittlich 19 % Mehrumsatz
                                           p. a.

Baumärkte (1 Jahr, einmal):   durchschnittlich 11,3 % Mehrumsatz
                                           p. a.

Kfz-Handel (Marke) (1 Jahr, einmal):   durchschnittlich 110 % Mehrumsatz
                                           p. a., insbesondere in Gebraucht-
                                           wagen

Daß sich Verkäufertraining auch bei rückläufigen Umsätzen lohnt, zeigt ein Beispiel aus 1996 im Handel mit Elektro-Unterhaltungsgeräten:

Rendite   + 3 %

Stammkunden   + 16 %

Flächen-Produktivität: um DM 835,–/qm gestiegen

Dazu ist anzumerken, daß diese drei Punkte auch wichtige Aufgaben des Trainings darstellten.

5.4 Renditeberechnung von Verkaufstrainings

Wenn sich Maßnahmen der Kommunikation lohnen sollen, ist eine Renditerechnung notwendig. Nach den bisherigen Erfahrungen bringen Verkaufstrainings die weitaus größte Mehrrendite, gemessen am Aufwand.

Bei fünf Verkaufskräften genügt schon ein Mehrumsatz von 1,5 %, um den Trainingsaufwand zu decken. Bei zehn Verkaufskräften genügt weniger als 1 % Mehrumsatz nach/durch Training. Was über diese Prozente hinausgeht, bringt schon eine Verzinsung.

Bedienen Sie sich bitte des folgenden Rechnungsansatzes:

Rechnungsansatz

● Vor Training: DM 300.000,– Umsatz je Verkäufer und Jahr

● 5 Verkaufskräfte

● Durchschnitts-Spanne 30 Prozent vom Verkaufspreis

Diese drei Komponenten können Sie, Ihrem Unternehmen entsprechend, verändern.

Ausrechnung je Verkaufskraft			
Mehrumsatz in Prozent	10 %	5 %	3 %
Mehrumsatz in DM	30.000,–	15.000,–	9.000,–
davon Spanne 30 Prozent	9.000,–	4.500,–	2.700,–
x 5 Verkaufskräfte	45.000,–	22.500,–	13.500,–
abzüglich Trainerkosten für zwei Tage	7.000,–	7.000,–	7.000,–
Mehr-Rendite	38.000,–	15.500,–	6.500,–
Verzinsung	443 %	121 %	93 %

Anmerkung:

Je mehr Verkaufskräfte in den zwei Trainingstagen trainiert werden, desto günstiger ist die Rendite. Es sollten aber nicht mehr als 15 Teilnehmer pro Seminar trainiert werden.

Nach gutem Verkaufstraining entsteht erfahrungsgemäß ein Umsatzzuwachs von 10 bis 15 Prozent – vielfach auch bei rückläufiger Konjunktur.

Diese Rechnung läßt sich auch aufstellen, wenn die Branchenumsätze gänzlich rückläufig sind. Sie nehmen dann den durchschnittlichen Rückgang Ihrer Branche und berechnen die oben angeführte Zahl aus der Differenz zwischen diesem Durchschnitt und dem Rückgang Ihres Umsatzes. Ist Ihr Umsatzrückgang geringer, hat sich Ihre Maßnahme gelohnt.

Entwickeln Sie solche Rechnungen auch für Werbemaßnahmen, Verkaufs-förderungsaktionen und Öffentlichkeitsarbeit. Allerdings ist die Zurechenbarkeit der Wirkung zur Maßnahme beim Verkaufstraining leichter als bei anderen Maßnahmen. Meist finden Verkaufstrainings statt, ohne daß andersgeartete Maßnahmen stattfinden oder verstärkt werden. Es kommt »nur« der Trainer und erzielt die oben angeführten Wirkungen.

Teil 6:

Beispiele und Anregungen

Sie haben in diesem Buch bisher schon eine Reihe von Beispielen bekommen. Zusätzlich möchte ich Ihnen mit diesem Kapitel einige Anregungen bieten, die Sie, sofern sie nicht genau für Sie geeignet sind, auf Ihr Unternehmen zuschneiden können. Zum Teil wurden diese Beispiele realisiert und brachten gute Erfolge.

6.1 Allgemeine Vorschläge

Achten Sie im Geschäft auf die folgenden Wirkungsgrade der Kaufentscheidung.

Der Wirkungsgrad für die Kaufentscheidung:

Beim Probieren, Selbermachen	90 %
Beim »In-die-Hand-Nehmen«	70 %
Beim Lesen der Produktverpackung	50 %
Beim Lesen eines stummen Verkäufers	40 %
Beim Lesen eines Plakates im Geschäft	30 %
Beim bewußten Hinsehen auf das Produkt	20 %
Beim bewußten Hinsehen auf die Produktverpackung	10 %

(Quelle: COMPO)

Auf die Plazierung kommt es an.

Die folgenden Plazierungshöhen empfehlen sich in vielen Fachgeschäften. In unübersichtlichen Geschäften ist es, zur Vermeidung von Diebstahl, leider manchmal notwendig, eine der Ebenen zu Kontrollzwecken ganz oder teilweise mit wenig Ware zu bestücken oder auf Warenbestückung ganz zu verzichten.

Höhe	Preis-/Qualitätsstufe	Abverkaufsquote
über 160 cm	mittlere	50 %
über 120 cm	obere	100 %
unter 120 cm	mittlere, gehobene	70 %
über 60 cm	mittlere	50 %
unter 60 cm	untere	30 %

(Quelle: COMPO)

Musik macht kauffreudig.

Nehmen Sie Ihren (alten) Kassettenspieler, einen CD-Spieler oder sogar CD-Wechsler, und lassen Sie in Ihrem Geschäft leise sogenannte Hintergrundmusik laufen. Dabei werden Höhen und Bässe der Musik möglichst weggenommen. Es entsteht ein »Musikteppich«, der nachweislich den Umsatz fördert. Wählen Sie Evergreens oder klassische Musik, Märsche oder Operettenmusik – immer ohne Gesang. Erkundigen Sie sich aber, ob und wieviel Gebühren an die GEMA (Gesellschaft für Aufführungs- und mechanische Vervielfältigungsrechte) bzw. die AKM (Staatlich genehmigte Gesellschaft der Autoren, Komponisten und Musikverleger) entrichtet werden müssen.

Rabattmarken binden Kunden.

Dem Rabattmarken-Büchlein wird eine Wiederbelebung vorausgesagt. Je nach Branche gibt es bei Einkäufen von DM 10,– bis DM 30,– eine »Marke«. Für das volle Heft kann ein Naturalrabatt in Waren gewährt werden. Informieren Sie sich über das Rabattgesetz bei Ihrer Innung.

6.1.1 Vorschlag für eine Kundenbefragung im Geschäft

Fragen Sie die Kunden, mit welchen Ihrer Leistungen sie wie zufrieden sind. Sie machen damit auf diese Vorteile aufmerksam. Hier ein Vorschlag:

Sehr geehrte Kundin, sehr geehrter Kunde!

Wir möchten unsere Leistungen für Sie noch verbessern und verfeinern. Darum bitten wir Sie um Ihre Meinung. Bitte kreuzen Sie an, was nach Ihrer Meinung am meisten zutrifft. Bei der Bewertung ist, dem Zahlenwert entsprechend, »6« **die beste Bewertung, »1« die schlechteste Bewertung.**

	1	2	3	4	5	6
Freundlichkeit der Bedienung	○	○	○	○	○	○
Schnelligkeit der Bedienung	○	○	○	○	○	○
Fachkompetenz der Verkaufskräfte	○	○	○	○	○	○
Eindruck von den Verkaufsräumen	○	○	○	○	○	○
äußere Erscheinung (Ladenfront, Schaufenster)	○	○	○	○	○	○
Warenpräsentation	○	○	○	○	○	○
Warenauswahl	○	○	○	○	○	○

Was möchten Sie uns noch zur Verbesserung unserer Leistung sagen? (Stichwörter genügen)

_____

_____

6.1.2 Noch ein Vorschlag für eine Fragebogenaktion

Sehr geehrte Kundin, sehr geehrter Kunde!

Wie gut gefällt Ihnen was bei uns?
Wir möchten unsere Leistungen für Sie noch verbessern und verfeinern. Darum
bitten wir Sie um Ihre Meinung.
Bitte machen Sie in jeder Zeile nur ein Kreuzchen (6 = sehr gut). Wenn Sie Ihren
Namen und Ihre Adresse auf das Blatt setzen, können Sie an einer Verlosung
teilnehmen. Sie können gewinnen: ...

	1	2	3	4	5	6
Freundlichkeit unserer Verkaufskräfte _____	O	O	O	O	O	O
Schnelligkeit der Bedienung _____	O	O	O	O	O	O
Anordnung und Ordnung der Regale _____	O	O	O	O	O	O
Breite der Auswahl _____	O	O	O	O	O	O
Lichtverhältnisse _____	O	O	O	O	O	O
Frischluft/Raumklima _____	O	O	O	O	O	O
Innentemperatur _____	O	O	O	O	O	O
Akustik _____	O	O	O	O	O	O

Worauf legen Sie bei uns sonst noch Wert? (Bitte nur drei Stichworte)

_____

_____

Was ist besonders verbesserungsbedürftig? (Bitte maximal drei Stichworte)

_____

_____

Name: _____

Anschrift: _____

Datum: _____

Die Ergebnisse der Befragung können Sie wieder für Ihre Pressearbeit oder für Ihre Werbung verwenden – sofern sie günstig sind. Ein Beispiel für eine entsprechende Pressemeldung finden Sie in Abschnitt 4.4.

6.1.3 Positive Sprüche

Hängen Sie an geeigneten Orten positive Sprüche auf, zum Beispiel:

> *»Der Kunde ist König, aber der König braucht Berater.«*
> *»Wer kauft, hat meistens recht.«*
> *»Wir lieben unsere Kunden, nicht nur ihr Geld.«*
> *»Unmögliches wird sofort erledigt, Wunder dauern etwas länger.«*
> *»Wir sind alle nur Ihretwegen hier.«*
> *»Sparen Sie Ihr Geld, aber bitte nicht bei uns.«*
> *»Denken Sie an Ihre Zukunft – kommen Sie immer wieder!«*

Falls Sie solche verkaufsfördernden Aussagen, gerahmt oder ungerahmt, verwenden möchten, empfiehlt sich immer, sie auf farbigem Papier abzuziehen oder zu drucken – übrigens auch alle Handzettel, die Sie ausgeben möchten.

Einige dieser Sprüche sind auch als Text für Anzeigen geeignet. Sie sollen Ihnen als Anregung für Ihre eigenen Ideen dienen.

6.1.4 Stammkunden

Definieren Sie bitte, wer bei Ihnen zu den Stammkunden gerechnet wird. Da dies nach Branchen sehr unterschiedlich ist, hier einige Beispiele:

Bekleidung:	3 bis 4 Käufe pro Jahr
Fotobedarf:	regelmäßige Entwicklung der Urlaubs-/Reise-Filme
Tierbedarf:	regelmäßiger Bezug der Tiernahrung
Bürobedarf:	4 bis 6 mal pro Jahr
Spielwaren:	3 bis 4 Käufe pro Jahr
Tonträger:	monatlicher Kauf von neuen Tonträgern (Kassetten, CDs etc.)

6.2 Aktionen im eigenen Haus

Veranstaltungen dieser Art können während der normalen Öffnungszeit stattfinden. Falls die Veranstaltungen außerhalb der Öffnungszeit, also in den Abendstunden oder an Sonntagen durchführen möchten, brauchen Sie dazu eine Genehmigung der Ordnungsbehörde. Diese wird aber normalerweise erteilt.

Spielwarenhandel:

● Wettbewerb mit Gewinnchancen: »Was gehört nicht in dieses Schaufenster?«

● Malkurse

● Planungskurse für Modell-Eisenbahner

● Spiele-Wettbewerbe (z. B.: Nintendo)

Kfz-Werkstätten:

● Erste-Hilfe-Kurse in Zusammenarbeit mit Malteser Hilfsdienst oder

● ADAC-Montage-Kurse für Schneeketten

Kosmetikhandel:

● Schmink- und Make-up-Kurse mit kleinem Kostenanteil der Teilnehmer

Bekleidungshandel:

● Kleine interne Modenschauen

Juweliere:

● Schmuck-Vorführungen

6.3 Veranstaltungen außerhalb des Hauses

Diese können zum Beispiel in Hotels oder Gaststätten organisiert werden. Dazu bedienen Sie sich zweckmäßigerweise der Checklisten in Teil 7. Auch ein Teil der unter 6.2 genannten Aktivitäten kann außerhalb des Hauses stattfinden.

Innendekoration, Teppiche, Tapetenhandel:

- Verkauf von Tapeten- und Teppichresten für Wohnwagen auf Campingplätzen

- Aktion in Zusammenarbeit mit regionalem Theater. Schauspieler suchen eine Tapete aus, die ihnen gefällt (die sie aber nicht kaufen müssen). Veröffentlichung dann unter dem Motto »Rollen, die mir gefallen!« mit Nennung der Schauspieler(innen)

Exkurs: Lösungen zu Abschnitt 3.5

Zu a:
Der Handel kann die folgenden beiden Säulen der Marketing-Kommunikation besser nutzen:

Verkaufsförderung und Öffentlichkeitsarbeit

Begründung:
Werbung kostet, gemessen am Aufwand, sehr viel Geld. Die Fachhändler haben nur wenig Geld. Da eine gelegentliche Anzeige oder Beilage nach den Erkenntnissen der Werbewissenschaft aber nur wenig oder nichts bewirkt, lohnt es sich für den Fachhändler, sich intensiver mit den oben angeführten Bereichen zu beschäftigen. Dabei verursacht eine Verkaufsförderungsaktion durchaus eigene Arbeit, aber verhältnismäßig wenig Fremdkosten.

Zu b:
Ohne Fremdkosten läßt sich eine Wirkung erzielen:

durch Öffentlichkeitsarbeit

Öffentlichkeitsarbeit, seien es Pressebearbeitung oder Vorträge, kostet zwar etwas Zeit, aber – außer gegebenenfalls ein bißchen Porto – verhältnismäßig wenig Geld.

Teil 7:

Checklisten

In den Abschnitten 4.1 bis 4.4, aber auch in Teil 5 konnten Sie schon einige Checklisten zur Wirkung lesen. Gerade zum Bereich der Verkaufsförderung bekommen Sie nun Kenntnis von Checklisten für die **Durchführung** von Aktionen.

Checklisten zu Verkaufsförderungsaktionen

Mit der Anregung zur Durchführung von Aktionen soll es hier nicht getan sein. Wie versprochen, möchte ich es Ihnen erleichtern, solche Aktionen zu planen und durchzuführen. Die ideale Lösung ist jeweils eine Aktion, die nicht nur nichts kostet, sondern noch Rendite durch mehr Umsätze bringt. Eine »self-liquidating-sales-promotion-action«, kurz SLISPA genannt. Dies wäre das erstrebenswerte Ideal. Auf jeden Fall wird Ihr persönlicher Einsatz gefragt sein, Sie und auch Ihre Mitarbeiter werden mit den Aktionen in Anspruch genommen. Es geht mir darum, Ihnen möglichst Fremdkosten sparen zu helfen – von ein paar Drucksachen abgesehen.

Da das Eingehen auf eine bestimmte Branche in diesem Buch nicht vorgesehen ist, biete ich Ihnen in diesem Kapitel allgemein gültige Checklisten an. Auch wenn diese nicht vollständig für Sie passen, sollen sie doch als Anstoß dazu dienen, weitere Möglichkeiten zu finden.

Bei meiner Arbeit als Absatzberater in Industrie und Handel stelle ich immer wieder fest, daß besonders angesichts von Verkaufsförderungsaktionen oft große Ratlosigkeit herrscht. Da solche Aktionen aber Anlaß für Werbung und PR-Arbeit bieten und außerdem in der Chance für Umsatzsteigerung an zweiter Stelle liegen (nach Verkaufstrainings), möchte ich Ihnen hier eine Reihe von Checklisten anbieten, die entsprechend der Reihenfolge der Arbeit numeriert sind.

Gehen Sie mit den Checklisten wie folgt vor:

Setzen Sie sich mit Ihrem Partner oder Ihrer Partnerin und mindestens einer guten Verkaufskraft zusammen, und entwickeln Sie gemeinsam Ideen. Machen Sie also »Betroffene« zu »Beteiligten«.

Notieren Sie die Ideen in den dafür vorgesehenen Feldern. Dabei ist zunächst jede Idee zuzulassen. Vermeiden Sie Bemerkungen wie zum Beispiel: »Das geht doch nicht«, »Das klappt nie« oder »Das kostet zuviel Zeit« etc. Diese Dinge werden natürlich später bei der Auswahl der jeweils besten Idee in Betracht gezogen.

7.1 Checkliste 1: Anlässe

Es gibt jede Menge Anlässe für verkaufsfördernde Veranstaltungen.

Anlässe	Notizen/Ideen
Frühjahr, Sommer, Herbst, Winter	_____
Ostern, Pfingsten, Weihnachten	_____
Muttertag	_____
Erntedankfest	_____
Schützenfest	_____
Messen, Ausstellungen (allgemein)	_____
Firmenjubiläum	_____
Stadtjubiläum	_____
Vereinsjubiläum	_____
Neugestaltung des Geschäfts	_____
Umbau des Geschäfts	_____
Umzug	_____
neue Inhaber	_____
Hochzeit des Inhabers oder seiner Kinder	_____
Geburtstage	_____
lokale Ereignisse	_____
Zirkus	_____
Sportveranstaltungen	_____
_____	_____
_____	_____

Notieren Sie bitte im rechten Feld Themen, Werbesprüche, Slogans, die Ihnen zum ausgewählten Anlaß einfallen und die noch nicht allgemein üblich sind.

7.2 Checkliste 2: Zielgruppen

Checkliste 2a: Zielgruppen

Je genauer Sie zielen, desto größer wird Ihr Erfolg sein. Das bedeutet Maß-
schneidern der jeweiligen Veranstaltung für die bestimmte Zielgruppe.

Spezielle Veranstaltungen für   **Für Ihre Notizen**

Kinder

Hausfrauen

Paare

Singles

Verlobte

Unverheiratete

Geburtstagskinder

   des Monats

   des Quartals

Checkliste 2b: Zielgruppen

Empfehlenswert sind auch Aktionen für bestimmte Berufsgruppen, die sich dann besonders angesprochen fühlen:

Nutzen Sie das Ereignis als Anlaß für Öffentlichkeitsarbeit und Werbung (siehe Teil 3, Grafik 4). Auch dabei erhöht das Eingehen auf die Zielgruppen die Wirkung Ihrer Maßnahme.

Spezielle Aktionen für	Für Ihre Notizen
Architekten	_____
Presseleute	_____
Werbeleute	_____
Jäger	_____
Angler	_____
Bastler	_____
Ärzte	_____
Anwälte	_____
Selbständige	_____
Gartenfreunde	_____
Lehrer	_____
Hausbesitzer	_____
Mieter	_____
Sekretärinnen	_____
_____	_____
_____	_____

7.3 Checkliste 3: Kooperationspartner

Verkaufsförderungsveranstaltungen können Sie allein oder in Zusammenarbeit mit anderen planen, durchführen und in ihren Wirkungen kontrollieren. Denken Sie dabei nicht nur an Ihre Lieferanten. Bei der Suche nach weiteren Partnern hilft Ihnen die folgende Checkliste.

Zusammenarbeit mit	Für Ihre Notizen
anderen Händlern _____ O	_____
Vereinen _____ O	_____
Verbänden _____ O	_____
Instituten _____ O	_____
Innungen _____ O	_____
Schulen _____ O	_____
Kindergärten _____ O	_____
Kirche _____ O	_____
Behörden _____ O	_____
Zeitungen _____ O	_____
Gastgewerbe _____ O	_____
_____ O	_____
_____ O	_____

Bitte ergänzen Sie, was Ihnen dazu noch einfällt, und kreuzen Sie an, welche dieser Gruppen für Sie in Frage kommen und zu welchen Sie Beziehung haben.
   Je nach Branche sind auch branchenspezifische Kooperationspartner empfehlenswert, deren Sortiment das Ihre ergänzt, zum Beispiel Möbelhaus zusammen mit Tapetenhersteller, Bekleidungshaus oder Sporthaus zusammen mit einem Reisebüro. Wenn die Initiative zu einer Verkaufsförderungsaktion von Ihnen ausgeht, können Sie Thema und ausgewählte Kundengruppen (Zielgruppen) meistens bestimmen.

Die ungewöhnlichste Kooperation fand ich zwischen einem Autohändler und einem Tortenbäcker: Jeder Käufer eines Kfz bekam ein Monat nach dem Kauf zusammen mit einem netten Brief eine kleine Marzipantorte zugestellt, die mit dem Namen der Kfz-Marke verziert war. Das Ziel »Kundenbindung für den nächsten Kauf« wurde damit voll erreicht.

7.4 Checkliste 4: Ankündigung von Aktionen

Verkaufsaktionen bieten Anlaß zur Werbung und Öffentlichkeitsarbeit. Nutzen Sie dabei Ihre Chancen.

	täglich	wöchentlich	monatlich
Ankündigung, zum Beispiel durch			
Tageszeitung	O	O	O
Anzeigen in Vereinsblättern	O	O	O
Postwurfsendungen	O	O	O
Lautsprecherwagen	O	O	O
Kinowerbung	O	O	O
Aushängeplakate	O	O	O
Verkehrsmittel	O	O	O
Schaufenster	O	O	O
Pressemeldungen	O	O	O
Prospekte	O	O	O
Beilagen	O	O	O
Briefe	O	O	O
Stanzlinge	O	O	O
	O	O	O
	O	O	O

Bitte ergänzen Sie, was Ihnen dazu einfällt, und kreuzen Sie an, welche Häufigkeit im Rahmen Ihres Budgets möglich ist. Bedenken Sie dabei, daß Sie durch Verkaufsförderungsaktionen im allgemeinen einen guten, zeitlich begrenzten Umsatzzuwachs erreichen können, daß solche Aktionen sich also möglicherweise selbst bezahlt machen.

7.5 Checkliste 5: Arbeitsmittel

Bieten Sie bei Veranstaltungen mehr als nur Ihre Anwesenheit und die Ihrer Verkaufskräfte. Dazu brauchen Sie, je nach Veranstaltungstyp, einige Arbeitsmittel, die Sie sich gegebenenfalls leihen können:

Tageslichtprojektor _____ ○

Diaprojektor _____ ○

Filmapparat _____ ○

CD-Spieler _____ ○

Kassettenspieler _____ ○

Leinwand _____ ○

Tafeln (Kreide, Schwamm) _____ ○

Flip-Chart (Stifte) Magnettafel/-wände _____ ○

Pinnwände _____ ○

7.6 Checkliste 6: Grobplanung zum Ablauf

Ganz gleich, ob die Veranstaltung in Ihren Räumen stattfindet oder in anderen
Räumen, zum Beispiel in einem Restaurant oder Hotel, es liegt an Ihnen, daß
die Veranstaltung reibungslos abläuft und in einer guten Atmosphäre
stattfindet. Denken Sie dazu an folgendes:

Räume:

Sitzgelegenheiten
Zu/Abgang
Toiletten
Garderobe
Steckdosen
(Stell-)Wände
Tische
Bodenbeschaffenheit
Aufbauten
Lageplan
Richtungspfeile (außen/innen)
Reservebirnen/Leuchtröhren

Wohin mit ...

Autos
Hunden
Kinderwagen
Fahrrädern
Schirmen

Bewirtung:

Kaffee, Tee
Erfrischungsgetränke
Schnittchen, Würstchen
Suppe
Geschirr, Gefäße
Spülen

Personalfragen:

(Wer macht was, wo, wie?)
Begrüßung durch
Betreuung durch
Anleitung durch
Hilfe (»Ordner«)
Information
Fotograf (siehe Presse)

7.7 Checkliste 7: Wirkungskontrolle

Checkliste 7a: Allgemeine Wirkungskontrolle
(siehe auch Checklisten am Ende der Abschnitte 4.1 bis 4.4)

		weiblich	männlich
1. Nach Altersgruppe:	Kinder	O	O
	Jugendliche	O	O
	Erwachsene	O	O
	Senioren	O	O

Angebotskategorie: Sortimentsgruppe A

Sortimentsgruppe B

Sortimentsgruppe C

Sortimentsgruppe D

Serviceleistungen je nach Branche

Sonstige: Auslieferung

Maßänderungen

2. Nach Produktgruppe: Produkt A

Produkt B

Produkt C

Sonstige Kriterien: Kostenloser Service

Zubehör

mit Anzahlungen

mit Reklamationen

mit Preisnachlässen

Checkliste 7b: Allgemeine Wirkungskontrolle

Ohne Aufwand: **Käuferzahl:**

pro Tag _____ _____
pro Woche _____ _____
pro Monat _____ _____
pro Jahr _____ _____

Durchschnittskauf (DM): Umsatz geteilt durch Zahl
der Kassenbons

pro Woche _____ _____
pro Monat _____ _____
pro Jahr _____ _____

Zahl der Produkte je Kauf: Zahl der Kassenpositionen
geteilt durch Bon-Anzahl

pro Woche _____ _____
pro Monat _____ _____
pro Jahr _____ _____

Durchschnitt Zahl der Kassenbons
Bedienungszeit: geteilt durch Zeit aller
Verkaufspersonen

pro Monat _____ _____
pro Jahr _____ _____

Mit geringem Aufwand:

Besucherzahl: Durch Zähler an der Tür/
den Türen (siehe Teil 5)

pro Tag _____ _____
pro Woche _____ _____
pro Monat _____ _____
pro Jahr _____ _____
im Spielwarenhandel: 2 Zähler (über 1,20 m, unter 1,20 m)

Ermittlung von Kenn- Nach Abverkäufen
zahlen/Ist-Analyse (je
nach Geschäft und Branche):
Zahl der Stammkunden, _____
bevorzugte Ware, Größen, _____
Farben, Ausführung etc. _____

Teil 8:

Marketing-Alphabet für den Handel

A   Der **Absatz** fällt zunehmend schwer,
Aktionen bringen Kunden her.

B   Der **Boß** ist auf Rendite scharf,
ob groß, ob klein ist der **Bedarf**.

C   Ein **Chef** ist ein Naturgenie,
wer **Chancen** schafft, dem nützen sie.

D   Das **Display** ist dann großer Mist,
wenn es nicht mehr als **Durchschnitt** ist.

E   **Erfolg** ist jedem Händler wichtig,
Ertrag erst zeigt Erfolge richtig.

F   Der **Fachhandel** kommt schneller weiter
durch **Förderung** der Mitarbeiter.

G   **Gewinn** ist aller Händler Ziel,
die Steuer frißt vom **Geld** zuviel.

H   Der **Handel** breitet Ware aus.
Der **Hersteller** denkt Neues aus.

I   Die **Industrie** stellt vieles her.
Impulskauf macht Regale leer.

J   Rollt uns beim **Job** so recht der Rubel,
gibt's Anlaß oft für **Jux** und **Jubel**.

K   Der **Konsumenten** Dauer-Gunst
bringt Marketing als höchste **Kunst**.

L   Durch **life long learning**, Tag und Nacht
wird **Leistung** optimal gemacht.

M   Der **Markt** ist wichtig; unterdessen
soll man den **Menschen** nicht vergessen.

N   Viel **Nutzen** bringt das Marketingen,
     Wirkungs-**Nachweis** läßt Kassen klingen.

O   Das **Opfer** bringen wir in Geld,
     wenn das **Objekt** uns gut gefällt.

P   **Promotions** wirken, wie man weiß,
     durch die Idee, nicht durch den **Preis**.

Q   Erfolgs-**Quell** ist, wie man versteht,
     stets die Bedienungs-**Qualität**.

R   **Regale** zeigen Waren her,
     der gute **Ruf** erst macht sie leer.

S   Ein **Seminar** bringt dich sehr weit
     mit allergrößter **Sicherheit**.

Sp   Die **Spanne** reicht nicht hin, nicht her,

St   die **Steuer** macht das Leben schwer.

Sch Die **Schulung** schafft viel neues Wissen,
     die **Schwachen** werden mitgerissen.

T   Das **Training** der Verkäufer bringt,
     daß jeden **Tag** mehr Umsatz winkt.

U   Der **Umsatz** ist noch kein Gewinn,
     der **Überschuß** erst führt dahin.

V   **Verkaufen**: Ziel des Händler-Strebens,
     bringt es **Verlust**, war es vergebens.

W   Die **Werbung** kostet immer mehr;
     kein **Wunder**, denn sie wirkt nicht sehr.

X   Ganz **x-beliebig** wählt der Kunde,
und **x-mal** kauft er jede Stunde.

Y   Der **Yankee** weiß es schon seit Jahren:
Do it **yourself** heißt: Selber sparen.

Z   Der **Zug** der **Zeit** nützt dir nicht viel,
kennst du nicht Sinn und **Zweck** und **Ziel**.

Folgende Titel der »New-Business-Line«- Reihe sind lieferbar:

Management

❸ *Marylin Manning/Patricia Haddock*
Führungstechniken für Frauen
Ein Stufenplan für den Management-Erfolg

⑩ *Pat Heim/Elwood N. Chapman*
Führungsgrundlagen
Ein Entwicklungsprogramm für erfolgreiches Management

⑱ *Kurt Hanks*
Die Kunst der Motivation
Wie Manager ihren Mitarbeitern Ziele setzen und Leistungen honorieren – Ideen/Konzepte/ Methoden

⑳ *Rick Conlow*
Spitzenleistungen im Management
Wie man Mitarbeiter dazu anspornt, ihr Bestes zu geben – 6 Schlüsselfaktoren

㉗ *Lynn Tylczak*
Die Produktivität der Mitarbeiter steigern
Kosten reduzieren – Produktqualität, Service- qualität und Moral erhöhen – basierend auf Wert-Management-Prinzipien

㉘ *Robert B. Maddux*
Team-Bildung
Gruppen zu Teams entwickeln – Leitfaden zur Steigerung der Effektivität einer Organisation

㉙ *Diane Bone/Rick Griggs*
Qualität am Arbeitsplatz
Leitfaden zur Entwicklung von hohen Personal-Qualitäts-Standards – Beispiele, Übungen, Checklisten

㊳ *Herbert S. Kindler*
Konflikte konstruktiv lösen
Produktive Teamarbeit – Streß und Spannungen abbauen – Lösungsvorschläge – Fallstudien – Checklisten

㊵ *Robert B. Maddux*
Erfolgreich delegieren
Schlüsselfaktoren – Analyse der persönlichen Delegationsfähigkeit – Entwicklung eines Aktionsplans – Fallstudien – Checklisten

㊹ *Werner E. Bremert*
Ökologisches Management
Menschliches Verhalten im Mittelpunkt betrieblicher Veränderungen

㊻ *James G. Patterson*
ISO 9000
Globaler Qualitätsstandard – Kosten-Nutzen- Relation – Die zwanzig Elemente – Qualitäts- Checklist

㊾ *Cynthia D. Scott/Dennis T. Jaffe*
Empowerment – mehr Kompetenz den Mitarbeitern
So steigern Sie Motivation, Effizienz und Ergebnisse

㊼ *Gerald Bandzauner*
Internet
Grundlagen und Anwendungen DFÜ (Datenfernübertragung) – Dienste im Internet – Netiquette: Regeln im Internet – Checkliste zur Einführung von Internet

㊾ *Marion E. Haynes*
Projekt-Management
Von der Idee bis zur Umsetzung Der Projekt-Lebenszyklus – Faktor Qualität/ Zeit/Kosten – Erfolgreicher Abschluß

㊽ *Axel Gloger*
Franchising
Die Lizenz zum Erfolg

㊿ *Charles Martin*
Existenzgründung leichtgemacht
Ein Leitfaden für Unternehmer

㉓ *Hans-Jürgen Kratz*
Anerkennung und Kritik
So vermeiden Sie die klassischen Fehler

㉔ *Michael F. Petz*
Führen – Fördern – Coachen
Wie man Mitarbeiter zum Erfolg führt

㉕ *Herbert S. Kindler*
Risiko übernehmen
Nur wer wagt, gewinnt

Marketing/Verkauf/PR

❶ *Rebecca L. Morgan*
Professionelles Verkaufen
Die Geheimnisse des erfolgreichen Verkaufs

❿ *Richard Gerson*
Der Marketingplan
*Stufenweise Entwicklung – Umsetzung in die
Praxis – Checklisten und Formulare*

⓮ *William B. Martin*
Exzellenter Kundenservice
*Ein Leitfaden für vorzügliche Dienstleistungen
– die Kunst, Kunden als Gäste zu behandeln*

⓳ *Elwood N. Chapman*
Verkaufstraining – Einführungskurs
*Psychologie des Verkaufens – Fragetechniken –
Verkaufsabschluß – Telefonverkauf*

㊱ *Wolfgang J. Nalepka*
Grundlagen der Werbung
*Anzeigen – Flugblätter – Prospekte – Direkt-
werbung – Plakate – Hörfunk-Spots*

㊶ *Charles Mallory*
PR-Power
*PR-Kampagnen entwickeln – Medienkontakte
– Interview-Tips – Checklisten für PR-
Aktionen*

㊸ *Mary Averill/Bud Corkin*
Netzwerk-Marketing
Die Geschäfte der 90er-Jahre

㊼ *Kurt Bauer/Karl Giesriegl*
Druckwerke und Werbemittel herstellen
*Wie Sie mit Satz, Repro, Druck und Papier
umgehen*

㊿ *Helga Zimmer-Pietz*
Professionelles Texten
*Briefe/Werbetexte/Pressemitteilungen/
Produktbeschreibungen – Praktische Tips und
Checklisten*

㊺ *Michael Brückner*
So machen Sie Ihren Verein erfolgreich
*Presse- und Öffentlichkeitsarbeit – Sponsoring
– Fundraising*

㊷ *Michele D. Forzley*
Gewinnen in ausländischen Märkten
*Grundlagen internationaler Marketing- und
Exporttechniken*

㊻ *Gabriele Cerwinka, Gabriele Schranz*
Professioneller Telefonverkauf
*Interaktive Gesprächsführung/
Kundenbindung aufbauen und intensivieren*

㊾ *Michael Kapfer-Klug/Patricia Essl*
Direktwerbung
Ein praktischer Leitfaden

㊻ *James G. Patterson*
Grundlagen des Benchmarking
Die Suche nach der besten Lösung

㊻ *Peter Weghorn*
Motivationsprofi im Verkauf
*Motivstruktur des Kunden/Abschlußtechnik
und Entscheidungskonflikte/Fremd- und
Eigenmotivation/Motivationsmaßnahmen in
der Praxis*

➐ *Michael Brückner*
Reklamationsmanagement
Wie aus Beschwerden Chancen werden

➐ *Lloyd und Vivyan Finch*
Telemarketing
ist mehr als Telefonverkauf

➐ *Nina Pawlowitz*
Marketing im Internet
*Zielgruppenpotentiale – Einsatzmöglichkeiten
– Nutzenvorteile – Leitfaden für Umsetzung
und Implementierung*

➐ *Max Meier-Maletz*
Professionelles Verkaufen im Einzelhandel
ist Vom Kunden zum Stammkunden

➐ *Max Meier-Maletz*
Fachhandels-Marketing
*Öffentlichkeitsarbeit – Aktionen zur
Verkaufsförderung – Werbung – Checklisten*

➐ *André Kramer/Martina Dalla Vecchia*
Fit für den aktiven Kundenkontakt
Der mentale Vitaminstoß zum Erfolg

➑ *Gabriele Cerwinka/Gabriele Schranz*
Professioneller Klientenempfang
Der Kunde als Gast

➑ *Virden J. Thornton*
Neue Kunden finden
*So entdecken Sie potentielle Zielgruppen und
Interessenten*

➑ *Harald R. Preyer*
Kundenzufriedenheit
*Kunden als Partner – Fehlerquellen – Werk-
zeuge – Checklisten*

➑ *Michael Brückner/Andrea Przyklenk*
Event-Marketing
*Das richtige Ambiente – Messen – Kooperatio-
nen – Event-Sponsoring – Organisation*

Controlling/Finanz- und Rechnungswesen

❾ *Peter Kralicek*
Grundlagen der Finanzwirtschaft
Bilanzen – Gewinn- und Verlustrechnung –
Cash-flow – Kalkulationsgrundlagen –
Finanzplanung – Frühwarnsysteme

㉑ *Terry Dickey*
Grundlagen der Budgetierung
Informationsgrundlagen – effiziente Planung
– Techniken der Budgetierung – Prognosen
und Controlling-Ergebnisse

㉓ *Roman Hofmeister*
Management by Controlling
Philosophie – Instrumente – Organisations-
voraussetzungen – Fallbeispiele

㉞ *Peter Kralicek*
Grundlagen der Kalkulation
Kosten planen und kontrollieren/Kosten-sen-
kungsprogramm/Preisuntergrenzen und
Zielpreise/Methoden/Fallbeispiele

㉟ *Candace L. Mondello*
So kommen Sie schneller zu Ihrem Geld
Inkassosysteme/Kreditprogramm/Risiko-kon-
trolle

Wirtschaftsrecht

㉛ *Horst Auer (Österreich)*
Ulrich Weber (Deutschland)
Rechtsgrundlagen für GmbH-Geschäfts-
führer
Geschäftsführung und Vertretung –
Weisungen – zivil- und strafrechtliche

Haftung – Abgaben-, Sozialversicherungs-,
Gewerbe- und Verwaltungsstrafrecht –
Gesetzestexte, Musterverträge

Personal

⑫ *Robert B. Maddux*
Professionelle Bewerberauslese
Interviews optimal vorbereiten – Stärken-
und Schwächenkatalog – die sieben
unverzeihlichen Fehler – Kriterien für die
richtige Entscheidung

㉗ *Hans-Jürgen Kratz*
Neue Mitarbeiter erfolgreich integrieren
Nutzen Sie ein praxiserprobtes Einführungs-
konzept

㉝ *Elwood N. Chapman*
Teilzeitkräfte richtig einsetzen und führen
Arbeit optimieren – Kosten reduzieren

Arbeitstechniken

❷ *Marion E. Haynes*
Konferenzen erfolgreich gestalten
Wie man Besprechungen und Konferenzen
plant und führt

❹ *Sandy Pokras*
Systematische Problemlösung und
Entscheidungsfindung
Der 6-Stufen-Plan zur sicheren Entscheidung

❺ *Steve Mandel*
Präsentationen erfolgreich gestalten
Bewährte Techniken zur Steigerung Ihrer
Selbstsicherheit, Motivationsfähigkeit und
Überzeugungskraft

❽ *Carol Kinsey Goman*
Kreativität im Geschäftsleben
Eine praktische Anleitung für kreatives
Denken

⑯ *Joyce Turley*
Schnellesen im Geschäftsleben
*Bewährte Techniken zur besseren Bewältigung
der Informationsflut*

⑰ *James R. Sherman*
**Plane deine Arbeit –
arbeite nach deinem Plan**
*Planungstypen und -modelle – die 8 Planungs-
stufen*

㉓ *Robert B. Maddux*
Erfolgreich verhandeln
*Entwicklung einer Gewinn(er)-Philosophie –
8 schwerwiegende Fehler – 6 Grundschritte zu
professioneller Verhandlungstechnik*

㊺ *Gabriele Cerwinka/Gabriele Schranz*
Professionelle Protokollführung
*Objektiv und sachlich – logisch und übersicht-
lich gegliedert – klar und deutlich formuliert –
mit vielen Beispielen*

㊾ *Uwe Scheler*
**Vortragsfolien und Präsentations-materia-
lien**
planen – gestalten – herstellen

㊽ *Gabriele Cerwinka/Gabriele Schranz*
Professioneller Schriftverkehr
*Übersichtlich und prägnant – praxisnah und
zeitgemäß – mit vielen Beispielen*

㊱ *Petra Rietsch*
Multimedia-Anwendungen
*Was Auftraggeber wissen sollten
– Zielgruppen, Einsatzorte, Einsatzformen
– Vorbereitung der Inhalte – Kostenfaktoren
– Wahl des Auftragnehmers – Checklisten*

㊱ *Peter Kürsteiner/Inga Berkensträter*
Gedächtnistraining
*Grundlagen der Gedächtniskunst – Hören
und zuhören – Namen merken kein Problem –
Zahlen merken eine Kunst – Lesen, verstehen,
behalten – praxisnahe Übungen*

㊱ *Jean Quinn Manzo*
Überleben ohne Sekretärin
*Büroorganisation – Zeitmanagement – effek-
tive Meetings – PC-Management – Checklisten*

Persönlichkeitsentwicklung

❼ *Marion E. Haynes*
Persönliches Zeitmanagement
So entkommen Sie der Zeitfalle

㉒ *Sam Horn*
Konzentration
*Mit gesteigertem Aufnahme- und Erinnerungs-
vermögen zum Erfolg*

㉕ *Sam R. Lloyd/Christine Berthelot*
**Selbstgesteuerte Persönlichkeits-
entwicklung**
*Selbsteinschätzung – Erwartungshaltungen
und Lösungen – verbesserte Führungsfähigkei-
ten – Persönlichkeitsentwicklungsprogramm*

㉖ *Elwood N. Chapman*
Positive Lebenseinstellung
Ihr wertvollster Besitz

㉚ *Michael Crisp*
**12 Schritte zur persönlichen
Weiterentwicklung**
*Selbstbewußtsein – Kommunikation –
Partnerschaften/berufliche Fähigkeiten –
Kreativität*

㉝ *Barbara J. Braham*
Lebenssinn und persönliche Erfüllung
*Die 5 Blockaden – Der Lebenszyklus – Neue
Dimensionen*

㊲ *Merrill F. Raber/George Dyck*
Topfit
*Mentale Gesundheit – Umgang mit Streß –
Sich selbst und andere verstehen*

㊳ *Jeffrey E. Lickson*
**Verbessern Sie Ihre persönliche
Lebensqualität**
*Psychologische und soziale Blockaden auf-
lösen – Stärken erkennen – Ziele setzen –
Selbstbewußtsein stärken*

㊶ *Lynn Fossum*
Ängste überwinden
*Selbstvertrauen stärken – Ängste verstehen,
bewerten und abbauen*

㊼ *Paul R. Timm*
Erfolgreiches Selbstmanagement
*5-Stufen-Plan zur Entwicklung von: persönli-
cher Leistungsfähigkeit, Zeitmanagement und
Arbeitstechniken, besonderen Talenten*

❺ *Reinhard Zehetner*
Ich muß bei mir selbst beginnen
Anregungen und Impulse zu
Kommunikationsprozessen in Betrieben und
im alltäglichen Leben

❺ *Pamela J. Conrad*
Berufs- und Privatleben im Griff
Techniken für ein erfolgreiches
Lebensmanagement

Kommunikation

❻ *William L. Nothstine*
Andere überzeugen
Ein Leitfaden der Beeinflussungsstrategien

❸ *Phillip Bozek*
50 Ein-Minuten-Tips für erfolgreichere
Kommunikation
Techniken für effizientere Konferenzen,
schriftliche Mitteilungen und Präsentationen

❸ *Stefan Czypionka*
Umgang mit schwierigen Partnern
Erfolgreich kommunizieren mit Kunden,
Mitarbeitern, Kollegen, Vorgesetzten u. a. m.

❹ *Peter Weghorn*
Der Rhetorik-Profi
Kommunikationssituationen/Fragetechniken/
Schlagfertigkeit und Übungen/Praktische Tips,
Tricks und Hintergründe

❺ *Emil Hierhold/Erich Laminger*
Gewinnend argumentieren
konsequent – erfolgreich – zielsicher

❻ *Venda Raye-Johnson*
Beziehungen aufbauen
Erprobte Techniken für Ihren Karriereerfolg/
So schaffen Sie ein Netzwerk verläßlicher
Kontakte

Weiterbildung/Karriere

❷ *Paul F. Röttig*
Fit für den Arbeitsmarkt
Ein praktischer Leitfaden und Ratgeber für
Berufsauswahl, Einstieg und Wiedereinstieg,
Sicherung des bestehenden Jobs, Strategien
nach dem Job-Verlust

❸ *Diane Berk*
Optimale Vorbereitung für Ihr
Bewerbungsgespräch
So bekommen Sie Ihren Traumjob

❷ *Nancy Struck*
Arbeiten von zu Hause
Mehr Vorteile durch Tele- und Heimarbeit

❺ *Elwood N. Chapman*
Überzeugen in der Probezeit
Die ersten 30 Tage im Job – der gelungene
Einstieg